영화로 삶의 예술가

영화로

삶
의

예술가

김애
옥

연극과인간

영화장면을 텍스트로 '내가 묻고 내가 답하는' 시간을 함께 나누었습니다. 너무도 귀한 영혼들을 많이 만났습니다. 함께 소통하며 울고 웃었던 질문들을 정리하고 싶어졌습니다. 삶 가운데 영화를 끌어와 인문학적 사유를 하는 데 좋은 안내서가 될 수 있다는 확신이 들었습니다.

내 선생님은 우리에게 필요한 것은 영화교육이 제작에 필요 이상으로 집중되어 있는 현상을 바로잡고 그동안 소홀히 했던 분야를 보완함으로써 보다 더 균형 잡힌 영화교육을 제시하는 일이라고 하셨습니다. 그 균형 잡힌 영화교육을 나와 우리 학생들은 영화장면, 장면을 통한 인문학적 접근으로 실천했습니다. 당연한 말이지만 인문학은 나를 알아가는 작업입니다. 우리는 질문을 스스로 도출해내서 묻고 답하는 시간을 통하여 인간 정신을 함양시키는 기회를 가졌습니다.

원은정 선생님, 사랑하는 제자들 덕분에 이 책은 만들어질 수 있었습니다. 영화에 대한 애정을 공감하며 젊고 건강한 에너지를 접하는 기회는 여전히 축복입니다. 젊은이는 '저를 아는 이'라는 해석이 있습니다. 우리 젊은이들이 진실을 지향하고 연대하여 선을 이루고자 함을 수업에서 느꼈습니다.

　독자들은 영화에 대한 정보나 지식 이전에 영화장면을 생각하며 이 책을 읽어주기 바랍니다. 영화를 더욱 사랑하고 질문을 통하여 삶을 확장해나가는 기회로 삼는다면 보람이고 감사입니다. 책을 엮으며 아름답고 건강한 영혼들과 함께한 기억을 떠올리는 작업이 행복했습니다.

2022년 봄을 기다리며

글 싣는 순서

죽은 시인의 사회

감독: 피터 위어

출연: 로빈 윌리엄스, 에단 호크 등

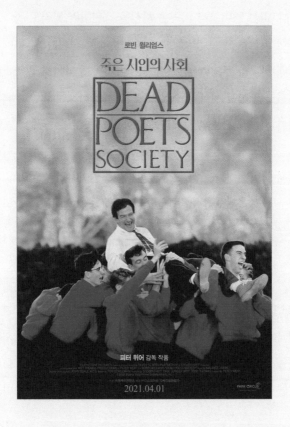

'카르페 디엠'이라는 라틴어를 각인시킨 영화로 꾸준히 사랑받고 있다.

공간적 배경은 미국 입시 명문 고등학교, 웰튼 아카데미. 공부가 인생의 전부인 학생들이 아이비리그로 가기 위해 고군분투하는 곳. 전통, 명예, 규율, 최고 4개의 교훈을 강조한다. 새로 부임한 영어교사 키팅은 자신을 캡틴이라 불러도 좋다고 말하고 독특한 수업방식으로 학생들에게 진정한 삶에 대해 알려준다. 공부보다 중요한 인생의 의미를 하나씩 알아가며 새로운 도전을 시작할 수 있도록 돕는다. 하지만 이런 수업방식을 기존 교사들과 부모들은 이해하지 못하고 용기 있는 학생들의 도전을 시간 낭비와 반항으로 단정, 키팅 선생을 학교에서 쫓아내려고 한다. 그 과정에 일어난 이야기를 담아 입시 위주의 교육제도를 비판하며 진정한 교육의 의미를 생각하게 하는 영화다.

등장인물 중 한 사람 닐 페리. 키팅 선생의 가르침을 받아들이고 비밀서클 '죽은 시인의 사회'의 주축이 되는 인물이다. 그는 연극배우로 살고 싶어 한다. 닐 페리의 부모는 인생을 망치게 놔둘 수 없다며 하버드에 들어가 의사가 되어야 한다고 공부만을 강요한다. 닐 페리는 그럼 자신의 인생은 어떻게 되냐고 묻지만 아버지는 감상에 젖지 말라며 더 이상 시간을 낭비하게 할 수 없다고 한다. 자신의 꿈을 '연극이라는 짓거리'라 표현하는 아버지. 이 말을 들은 닐의 상처가 가늠되지 않는다. 결국 닐은 자살을 택한다. 무대 위에서 당당하고, 자신감이 넘치던 닐이 아버지 앞에만 서면 불안한 모습을 보이는 장면은 그 불행의 서막일 뿐이었다.

영화 장면 중 "카르페 디엠. 현재를 즐겨라. 저 사진 속 100년 전 학교 선배들이 지금 너희들에게 무언가를 말하지 않니? 저 침묵의 목소리를 들어보아라. 카르페 디엠이란 소리가 들리지 않느냐. 우리 모두는 결국 죽는다. 시간이 있을 때 장미 꽃봉오리를 즐겨라. 너만의 인생을 살아라. 자신의 삶을 잊히지 않는 것으로 만들기 위해서"라는 대사가 있다. 우리 모두는 인간이기에 결국 죽는다는 것. 자신의 시간을 자신만의 인생으로 가득 채워 살아갈 것. 여러분에게 삶은 무엇인가? 이 장면을 떠올리며 다음 질문들을 만나보자.

키팅 선생처럼 자신만의 독특한 신념이 있나요?

키팅 선생은 자신의 신념대로 아이들을 가르쳤지만 무너지지 않는 전통에 회의감이 들었을 것입니다. 극 중 닐의 자살은 키팅의 신념을 흔들리게 하는 사건이기도 했지요. 가슴이 뛰는 삶을 찾은 닐이 학교와 부모가 말하는 전통과 순종에 의해 죽임을 당했습니다. 사랑하는 제자를 잃고, 그 책임이 자신에게 돌아왔을 때 그의 신념이 순간 흔들리지 않았을까요? 닐의 죽음을 자유분방한 캡틴의 지도 방법 탓으로 돌리는 학교에서 책임을 전가하는 우리 사회의 단면이 보이기도 했습니다. 이 영화를 인생 영화로 삼은 이는 자신이 살아가는 이 세상에 조금이나마 변화를 줄수 있는 사람이 되고 싶다고 했습니다. 삶을 보다 유의미하게 살려는 그 마음 자체가 더 나은 세상을 향하고 있는 것이지요. '카르페 디엠 Seize the day!'를 기억합시다. 그래서 매일매일 행복을 발견해나가는 우리가 되기로 해요.

내 삶에도 키팅 선생이 존재하나요?

키팅 선생은 학생들에게 삶의 의미가 무엇인지 깨닫게 해주고, 용기를 주는 사람입니다. 당신에게도 키팅 같은 스승이 있나요? 지식보다는 지혜를, 가르치기보다는 가리키는 선생이 절실한 시대입니다. 삶의 의미를 알려주고, 자신을 먼저 알아가게 해주는 진정한 선생이 많아진다면 더욱 살만한 세상이 되겠지요. 물론 지식을 교육하는 것보다 세상을 살아가는 이치를 깨닫게 해주는 키팅 선생 같은 사람 말입니다.

당신은 자신만의 걸음이 있나요?

이 물음은 "그 누구도 아닌 자기 걸음을 걸어라. 나는 독특하다는 것을 믿어라. 자신만의 걸음으로 자기 길을 가라. 바보 같은 사람들이 뭐라고 비웃든 간에."라는 대사에서 비롯된 것이지요. 이 질문을 스스로에게 던지며 인생 처음으로 꿈을 꾼 순간이 언제였을까? 낭만이 무엇일까? 라는 질문을 같이 떠올려보아요. 흔히들 삶을 하나의 길로 표현하지요. 살아오면서 다양한 선택들을 해왔고, 어느 길로 나아갈지 고민하던 순간들도 있었을 것입니다. 그 모든 순간에는 각자의 걸음대로 걸었을 것이고요. 닐, 토드처럼 용기 있고 도전적인 모습! 그러다 보면 자신만의 걸음대로 걷게 되지 않을까요?

학생들이 책상 위에 올라선 이유는 무엇이었을까요?

학생들이 책상 위로 올라가는 장면을 떠올려보세요. 해고된 키팅 선생이 짐을 찾으러 교실에 들렀을 때 학생들은 교장 선생님의 경고에도 불구하고 "캡틴, 오 마이 캡틴!"이라 외치며 키팅 선생의 수업에서 그랬듯 책상 위로 올라갔습니다. 이전에 수업을 진행하며 키팅 선생이 먼저 교탁 위에 오른 뒤, "내가 이 위에 선 이유는 사물을 다른 각도에서 보려는 거야. 이 위에서 보면 세상이 무척 다르게 보이지. 믿기지 않는다면 너희들도 한 번 해봐, 어서! 어떤 사실을 안다고 생각할 때 그것을 다른 시각에서도 봐야 해. 바보 같고 틀린 일처럼 보여도 시도를 해봐야 해."라는 가르침을 준 적이 있지요. 퇴학을 당할지도 모르는 순간에 용기를 내 캡틴에게 진심을 전하는 토드와 학생들이 인상 깊은 클라이맥스 장면입니다.

질문을 도출해내며 자신을 더 알아가는 시간을 가질 수 있기를 바랍니다. 키팅 선생은 시와 아름다움, 낭만 그리고 사랑이 삶의 목적이라고 학생들에게 말했지요. '죽은 시인의 사회'가 뭐냐고 묻는 질문에 삶의 모든 정수를 음미하는 것이라고 말해주었고요. '죽은 시인의 사회' 재결성을 선언하며 '분투하고 갈망하고 발견하며 굴복하지 않는다'는 시를 낭송하는 모습은 또 다른 명장면입니다. 캡틴의 말처럼 과감히 깨부수고 새로운 관점을 찾아가 보지 않을래요? 우리의 인생은 한 번이기에 더욱 소중하고, 내일이 올지 모르기에 오늘이 더욱 중요하니까요. 당신에게 지금 살고 있는 이 순간이 무엇보다도 확실하고 중요한 순간이라는 사실을 말하고 싶은 영화 〈죽은 시인의 사회〉 장면들입니다.

원더

감독: 스티븐 크보스키

출연: 제이콥 트렘블레이, 줄리아 로버츠, 오웬 윌슨

주인공 10살 소년 어기는 안면기형 장애를 가지고 태어났다. 27번의 수술을 받았으나 밖에 나갈 때는 헬멧을 쓰고 홈스쿨링을 받으며 자라왔다. 5학년이 되자 어기의 부모는 어기를 학교라는 세상 밖으로 내보내기로 한다. 어기는 두려웠다. 처음 학교에 갔을 때 아이들은 어기의 모습을 보고 피했다. 심지어 줄리안은 괴롭힌다. 하지만 어기는 특유의 씩씩함과 똑똑함으로 그들을 상대한다. 아이들도 점점 마음을 열고 호감을 표현하기 시작한다. 그렇게 어기와 친구들은 몇 번의 위기와 오해 속에서 시행착오를 겪으며 학교생활을 이어나간다. 결국 어기는 환한 모습으로 상까지 받으며 졸업하게 된다.

학교에서 아이들의 놀림에 상처받은 어기에게 어기의 엄마가 위로해주는 장면이 있다. "날 봐. 누구나 얼굴에 흔적이 있어. 얼굴은 우리가 갈 길을 보여주는 지도이자 우리가 지나온 길을 보여주는 지도야. 절대로 흉한 게 아니야." 이 장면에서 질문을 도출해본다.

다른 사람에게 보이고 싶지 않은 모습을
보여줄 때가 있나요?
그런 경험이 있다면 누구에게 위로를 받았나요?

영화 속 어기처럼 누구나 다 들키고 싶지 않은 모습이 한 가지 이상은 있지 않나요? 힘들어도 아무렇지 않은 척, 우울해도 밝은 척을 한 적은 없나요? 하지만 어기가 어떤 모습을 하든지 사랑해주는 가족 그리고 친구가 있는 것처럼 내가 보이고 싶지 않은 모습을 보여줘도 그냥 존재 그 자체로 좋아해 주는 사람이 있다면 어떤 어려움도 이겨낼 수 있지 않을까요. 판단하지 않고 있는 그대로의 나를 보아주고 사랑해주는 사람들로 세상을 살아갈 힘이 생기는 것이니까요.

\# 어기를 괴롭히는 줄리안과 줄리안 부모에게 하는 교장 선생님의 말씀 장면이 있다.

"줄리안 어머님, 어기는 외모를 바꿀 수 없습니다. 그러면, 우리가 보는 방식을 바꿔야 하지 않을까요?"

교장 선생님의 '우리가 보는 시각을 바꿔야 하지 않을까요?'
는 어떤 의미를 말하는 것일까요?

장애를 가진 친구와 학교를 같이 다닌 경험이 있나요?
혹시 그 친구가 괴롭힘을 당했을 때 외면한 적은 없나요?
우리 시선의 차별은 어디서부터일까요? 영화 속 교장선생
님이 말한 '우리의 시선을 바꿔야 한다는 것'은 장애를 가
진 사람들을 장애우라든가 하는 표현으로 어떠한 틀에 가
두지 않는 것부터 시작해야 하지 않을까요? 그저 우리와
같은 세상을 살아가는 사람들 중 한 사람으로 바라보아야
한다는 뜻이 아닐까요? 우리 스스로 편협한 시선을 거두
고 어기뿐만 아니라 모든 이들에게 똑같은, 돌아올 것을
생각하지 않고 친절을 베풀며 살아가는 동시대인으로 말
이지요.

특별한 동생 어기로 인해 부모님의 관심 밖에서 혼자
꿋꿋하게 지내는 누나 비아가 유일하게 마음을 터놓고 이
야기할 수 있는 할머니와의 대화 장면이 있다.
"네가 나의 최고란다."
"어기는요?"

"어기를 돌봐줄 천사들은 많이 있잖니."

어기의 누나 비아와 같이 평범한 사람들도
각자의 상처와 아픔을 딛고 살아갑니다.
그 아픔을 솔직하게 털어놓을 수 있는 누군가가 곁에 있나요?
그리고 어떻게 아픔을 이겨내나요?

세상으로부터 상처를 받고 힘들어할 때 무조건 지지해
주고 이야기를 들어주는 사람이 있다는 사실은 축복입니
다. 비아의 할머니가 "네가 최고야!"라고 해준 것처럼 말이
지요. 그래서 아무리 힘이 들어도 같이 아픔을 나누면서
상처를 딛고 일어나게 되는 것 같습니다. 그대는 누군가에
게 비아의 할머니가 되고 있나요?

영화 〈원더〉는 주인공 어기의 이야기만 보여주는 것이
아니라 어기의 주변 인물들의 상황에도 초점을 맞춰서 보
여주네요. 어기의 누나 비아, 어기의 친구가 되어준 잭 그
리고 썸머와 비아의 친구 미란다 입장에서 전개가 되지요.
왜 저럴까 하고 이해 안 되던 인물도 그 사람의 시점으로

영화가 진행될 때 그의 주변 상황, 심리상태를 들여다보면 다들 나름의 이유가 있다는 것을 알게 됩니다.

이렇게 어기의 주변 사람들의 상황과 시선들을 보여주는 것은 장애를 가진 어기뿐만 아니라 그저 평범한 사람들도 각자의 상처와 아픔을 가지고 살아간다는 것을 보여주고요. 또한 평범한 사람들의 아픔을 보여주며 어기의 장애가 특별한 것이 아니라는 것을 깨달아가게 합니다. 영화 초반 어기의 선생님이 "옳음과 친절함 중에 하나를 선택해야 한다면 친절함을 선택해라." 말해요. 영화 전체를 감싸는 대사로 우리 삶에 적용해볼 만한 말이네요. 영화 〈원더〉는 인간관계 속에서 지치고 힘든 날, 누군가가 너무 미워지는 날, 마음 따뜻해지고 싶은 날에 추천하고 싶은 영화입니다.

블랙스완

감독: 대런 아로노프스키

출연: 나탈리 포트만, 뱅상 카셀, 밀라 쿠니스, 위노나 라이더

<블랙스완>은 이 작품으로 아카데미 여우주연상을 거머쥔 나탈리 포트먼의 연기력이 단연 돋보인다. 순수한 백조와 요부 검은 백조, 즉 흑조의 다중 역할을 완벽하게 해냈다. 또한 15년을 준비해서 완성하였다고 하니 훌륭한 연출력과 더불어 최상의 하모니다. 유명한 발레 공연 '백조의 호수'를 재해석한 심리 스릴러로 완벽을 꿈꾸는 니나의 욕망을 다루었다.

<블랙스완>의 집착·관능·파괴·분열로 치닫는 엔딩 장면은 압권이다. 항상 완벽함을 갈망하던 니나가 스스로를 절벽 밑으로 내던지고 나서야, 비로소 처음으로 완벽함을 느끼게 된다. "I was perfect. (나는 완벽했어)"라 말하며 행복한 미소를 짓는다.

니나의 섬뜩하고 완벽한 공연, 그 환희와 아이러니로 점철된 장면을 함께 생각해보자.

당신의 숨겨진 욕망은 무엇인가요?

〈블랙스완〉에서 니나의 숨겨진 욕망은 최고가 되고 싶은 욕망, 그리고 완벽해지고 싶은 욕망입니다. 우리도 우리 안에 숨겨진 욕망이 무엇인지 생각해보아요.

누구나 '인정받고자 하는 욕망'이 있을 것입니다. 정도의 차이는 있어도요. 일에서 능력을 인정받고 싶기도 하고 인성적인 면에서 바르다, 착하다 등의 평가를 받고 싶기도 하지요. 그런가 하면 또 누군가는 '안정적인 삶을 살고자 하는 욕망'이 있을 것입니다. 사회적으로든, 정서적으로든 안정된 삶을 살고 싶어 하지요. 위기나 갈등이 찾아올 때 불안해하기보다는 잘 헤쳐 나갈 수 있는 용기를 욕망하기도 하지요. 또 때로는 욕망을 욕망한다고나 할까요?

당신은 지금 당신이 원하는 대로 살고 있나요?

니나는 극 중에서 엄마, 발레단 단장 그리고 주변 단원들에게 휘둘려 갈등하거나 흔들리는 모습을 보입니다. 엄마가 바라는 착한 딸의 모습, 발레단 단장이 원하는 프리

마돈나의 모습 등 타인이 원하는 니나를 보여주기 위해 혼신을 다합니다. 하지만 발레 단원 릴리의 권유로 일탈을 경험하게 된 이후 본인이 진정 원하는 모습을 찾고, 욕망을 실현하게 됩니다. 그렇다면 나는, 과연 내가 원하는 대로 살고 있을까? 하는 물음을 스스로에게 한 번 묻게 되네요. 꿈을 찾은 이후 원하는 모습으로 살아가기 위해 노력하고 있나요? 아니면 현재의 나는 정체되어 있다고 느끼나요?

당신에게 완벽함이란 무엇인가요?

예술적 천재성을 이룩하고 비극적 정점을 찍는 니나의 "완벽했다!"는 대사처럼 백 퍼센트 완벽함이 있을까요? 완벽에 가까운 것이 아닐까요? 니나는 흑조의 실체에 다가서기 위해 사투를 벌였어요. 흑조는 인간 내면에 감춰진 사악함을 상징하지요. 완벽하기 위해 악마와 타협할 것인가, 불완전하지만 선한 한 마리 작은 새로 살아갈 것인가. 각자 선택의 문제이겠지요.

보통 완벽함이란, 실패를 경험함으로써 조금씩 가까워

질 수 있는 것이라고 해요. 완벽에 가깝게 노력하고 정성을 기울이다가 이 지구별을 떠나는 날, "비교적 완벽했다." 그런 말을 할 수 있다면 행복한 삶이 될까요? 괜찮은 삶은 완벽한 삶이 아니라 최선을 다해서 어떤 경지에 이르려고 하는 그 과정이 아닐까요?

'나 자신을 괴롭히는 건 결국 나 자신이다.' 화제가 되었던 〈블랙스완〉의 한 줄 평입니다. 즉, 나를 가두는 것도 나 자신이라는 의미로 해석됩니다. 영화 속에서 발레단 단장 토마스는 니나에게 계속해서 너 자신을 버리라고 말합니다. 결국 자기 자신을 버린 니나는 최고의 성취를 이뤄내지만, 스스로를 갉아먹음으로써 자기 파괴에까지 이르게 됩니다.

〈블랙스완〉은 이러한 니나의 파멸을 통해 자기 파괴적인 완벽 추구를 경고하고 있습니다. 결국 감독은 이 영화로 하여금 자기 자신을 버리지 말고, 'Love yourself, 스스로를 사랑해라'라는 메시지를 전하고자 한 것이 아닐까요. 기형도 〈질투는 나의 힘〉이란 시에 나오는 구절입니다.

'나의 생은 미친 듯이 사랑을 찾아 헤매었으나 단 한 번도 스스로를 사랑하지 않았노라.'

어바웃 타임

감독: 리차드 커티스

출연: 도널 글리슨, 레이첼 맥아담스, 빌 나이

'시간여행'이라는 단어는 생각만 해도 설레고 금방이라도 환상의 세계로 상상의 날개를 펼치게 한다. 평범한 청년 팀이 성인이 된 날, 아버지로부터 시간을 되돌릴 수 있는 능력이 있다는 가문의 비밀을 듣게 된다. 이후 팀은 우연히 만난 메리에게 첫눈에 반하게 되고 그녀의 사랑을 얻기 위해 자신의 특별한 능력을 발휘하면서 매일매일 최고의 순간을 보내게 된다. 그런데 그와 그녀의 사랑이 완벽해질수록 팀을 둘러싼 주변 상황들은 미묘하게 엇갈리고, 예상치 못한 사건들이 나타나기 시작하면서 팀은 시간여행을 멈추고 지금 여기의 삶을 살아가기로 한다는 내용이다. 한 순간을 선택하면 다른 순간은 사라진다는 사실이 흥미롭다.

삶을 되돌리고 싶었던 적이 있나요?
과거로 돌아갈 수 있다면 어느 때로
시간을 되돌리고 싶은가요?

우리는 영화를 보는 내내 이 질문을 생각할 것 같네요. 살아가면서 후회되는 일을 꼽아보라 하면 손꼽을 수 없을 정도로 많지 않을까요? 시간을 되돌릴 수 있다면 돌아가고 싶은 때가 언제인가요? 물론 추억은 지나기 전에는 돌덩어리, 지나고 나면 금덩어리라는 말처럼 아름답게 기억되는 시간들도 있겠지만 정말 끔찍한 기억을 지우고 싶은 때도 있지 않나요? 안타깝고 아쉬운 기억들도 있을 것입니다. 그리운 사람 얼굴도 떠오를 것입니다. 잠시라도 마음속으로 시간여행을 해보는 일은 복권이 당첨된다면? 같은 상상이 펼쳐질 것 같네요. '승자의 하루는 25시간, 패자의 하루는 23시간'이라는 말처럼 우리의 하루는 결국 시간놀이일까요? 인간에게 허락된 24시간이라는 시간은 가장 평등한 신의 선물이라는 생각도 해보게 됩니다.

왜 시간여행을 과거로만 가능하게 설정했을까요?

각자 나름의 해석이 있겠지만 사람이 살면서 가장 기억에 남고, 후회가 가득한 시제가 바로 과거이지요. 인간은 완벽한 존재가 아니기 때문에 과거의 실수는 누구나 있기 마련이고, 그것은 현재에 후회로 남게 되는 것이고요. 그리고 과거를 지나온 현재의 나는 '그때 그 일을 이렇게 해결했다면' 하며 과거에 얽매이곤 하죠. 그 후회가 가득한 현재는 시간이 지나 여전히 과거에 얽매이는 미래가 되겠지요. 모든 시제의 뿌리라고 할 수 있는 과거를 통해 그 과거가 과연 현재와 미래의 나에게 어떤 영향을 미칠지는 그 과거를 받아들이는 스스로에게 달렸다는 것을 알려주기 위해 오직 과거로만 가능한 시간여행이라는 설정을 하지 않았을까요?

당신이 팀이라면 아버지와 자식 중 누구를 선택할 것인가?

아버지의 장례식을 하던 중 아버지와 마지막 탁구를 치고 이제는 다시 못 본다는 이별 인사를 나누는 장면이 있습니다. 시간여행을 마지막으로 하는 장면이지요.

팀은 시간여행을 통해 암에 걸려 돌아가신 아버지를 만날 수 있지만, 자신의 피가 섞인 새로운 생명체가 탄생한다면 어제까지는 똑같지만 모두 잃어버리는 상황이 생기게 됩니다. 이에 팀은 돌아가신 아버지를 만날 수 있는 시간여행과 새로운 생명체인 아이를 가지는 것, 이 두 가지 상황 중 하나만을 선택해야 합니다. 영화 끝부분에 팀은 이제 시간여행을 하지 않는다며 '나의 특별하면서도 평범한 마지막 날을 생각하며'라고 합니다. 무엇인가를 얻기 위해 시간을 되돌리던 팀이 자신의 자식을 지키기 위해 시간을 되돌리지 않는 것을 보고 어떤 생각을 했나요? 순간만이 내가 점유하고 있는 시간 아닐까요? 우리는 시간의 흐름에 묶여 살아가는 수밖에요. 누구에게나 주어지는 공평한 시간을 과거나 미래로 돌리면 과연 우리의 현재는 어디일까요? 과거의 자신과 미래의 자신 사이에서의 현재의 자신을 인식하고 가치를 부여함이 최선이지 않을까 그런 생각을 해보게 되네요.

당신의 현재는 지금 어떤가요?

나에겐 과거가 중요할까 미래가 중요할까요? 팀은 시간여행을 사용해 아버지와 깊은 시간을 보내기로 합니다. 그 과정 속에서 팀은 삶의 지혜를 얻습니다. 한 번 하루를 살 때는 평소대로 하루를 살아보고 두 번째로 하루를 살 때는 처음엔 보지 못했던 것들을 음미하며 살아보라는, 아버지가 알려준 방법을 토대로 팀은 삶을 즐기다 마지막에 깨닫게 됩니다. 순간은 그대로 아름다워서 시간을 돌아가 살 필요가 없구나! 결국 팀은 시간여행 없이 인생을 살아 간다는 내용으로 이야기가 끝납니다.

당신이 지금 당장 할 수 있는 것들을 하고 느끼고 즐기면서 최선을 다해 살고 있다면 잘 사는 삶이라고 말해주는 것 같지 않나요? 삶의 아름다움이란 대단한 사건이 아닌 소소한 것들에 있다는 말이 생각나네요. 세월의 걸음을 그냥 뚜벅뚜벅 걸어보아요.

위대한 쇼맨

감독: 마이클 그레이시
출연: 휴 잭맨, 잭 에프론, 미셸 윌리엄스

쇼 비즈니스 창시자 P.T바넘의 일대기를 그린 뮤지컬영화다. 가난한 재단사의 아들로 태어난 바넘이 자신이 만든 서커스단의 흥행으로 원하는 것을 모두 이루지만 그 이상의 헛된 것들을 쫓다 모든 것을 잃고 지난날을 후회하며 다시 재기하는 스토리를 담고 있다. 서커스를 통해 사회로부터 소외된 사람들이 세상에 참여할 수 있고 그들 스스로 자부심을 가지고 살아갈 수 있다는 메시지를 전달하는 작품이다. <라라랜드> 음악팀이 참여한 이 영화의 OST는 선풍적인 인기를 끌어 2018년 세계에서 가장 많이 팔린 앨범에 올랐고, 제75회 골든 글로브 시상식 주제가상을 수상하고, 제90회 아카데미 시상식 주제가상에 노미네이트 되기도 했다.

\# 바넘은 상류층의 화려함에 빠져있을 때 쇼 사람들을 부끄러워하고, 숨기고 싶어 했다. 그때 단원들이 당당히 나서서 'THIS IS ME'라는 곡을 부르며 자신들의 모습을 숨기지 않고 드러내는 장면이 있다.

인간에게 다름이란 무엇일까요?

다양한 사람들이 쇼에 등장합니다. 노래를 잘하지만 수염 난 여자, 자신감 넘치지만 키 작은 남자, 문신한 사람, 곡예를 잘하지만 흑인인 여자 등 영화의 시대적 배경에는 그 누구보다 차별과 부정적인 시선을 받는 인물들로 나옵니다. 피해를 준 적이 없지만 단지 다르다는 이유로 멸시를 받지요. 여러분은 편견을 갖고 사람을 대한 적이 있나요? 편견은 있는 그대로 보아주기보다는 자신의 판단을 앞세우는 일이지요.

차별이라는 단어는 내가 상대보다 우월하다는 심리가 내재되어 있다고 하는데 편견도 그런 측면이 있지 않나요? 내가 정한 틀과 다르면 그 다름이 틀림이라고 규정한 결과가 편견으로 드러난다고 봐요. 눈빛 하나만으로도 모욕을 느꼈던 그들은 쇼를 하며 스스로를 사랑하고 인정하게 되어서 사람들 앞에 당당해질 수 있었습니다. 우리는 누군가에게 이런 시선을 보낸 적이 한 번도 없다고 말할 수 있을까요? 우리와 생김새가 다르다고, 취향이, 생각이, 심지어 가족 구성원이 다르다고 폭력적인 시선을 보낸 적이 없을까요? 단 한 번도 그런 적이 없다고 장담할 수 있는 사람은 별로 없을 것 같네요. 우리는 가끔씩 받는 이런 시선들을, 누군가는 매 순간 받을 수도 있겠구나 하는 생각에 반성하게 되네요. 행동과 말뿐 아니라 눈빛으로도 상처를 줄 수 있다는 걸 잊지 않기로 해요.

만약 당신이 'THIS IS ME'라 부르는 장면 속 인물이라면 어떻게 행동했을까요?

피하고 숨었을 것 같지 않나요? 모든 상처와 문제는 해결하기 힘들고 어렵지만, 이미 과거에 한 번 상처를 받았고, 극복하지 못했던 문제들을 해결하는 것이 가장 어렵다고 해요. 인간의 뇌는 행복했던 기억보다 안 좋았던 기억을 더 오래 기억한다고 합니다. 또 트라우마라는 말이 있을 정도로 과거에 이미 한 번 받았던 상처를 마주하는 일은 정말 힘들고 어렵지요. 장면 속 인물들이 대단하게 느껴지는 이유는 이미 한 번 세상에서 소외를 당했고, 충분히 상처를 받은 인물들이 같은 문제를 마주했을 때 피하고 숨었던 과거와 달리 정면으로 승부를 하고 극복해내는 모습이 정말 멋있어요.

'THIS IS ME'라는 노래 제목처럼
무엇이 가장 나답다고 생각하나요?

　우리는 보통 '누구답다'라는 표현을 씁니다. 그런데 내가 나다운 것은 어떤 때일까요? 2022년 제79회 골든글로브 시상식에서 넷플릭스 오리지널 한국 드라마 〈오징어 게임〉으로 TV 드라마 부문 남우조연상을 수상한 배우 오영수 님이 내가 나에게 '괜찮은 놈이야'라고 해주었다고 수상소감을 남겼는데 자존감 있는 배우의 최고의 소회 아닌가요? 그리고 이제 '세계 속의 우리'가 아니라 '우리 속의 세계'라고 덧붙였어요. 자신을 믿고 자신의 길을 뚜벅뚜벅 걸어가는 일이 나다운 일이 아닐까 그런 생각을 해보네요. 누군가와 비교하는 순간 인간은 불행해진다는 말이 있어요. '나는 나다!' 그렇게 당당하게 자신의 걸음을 걷는 삶의 예술가로 살아보기로 해요.

너의 췌장을 먹고 싶어

감독: 우시지마 신이치로

출연: 타카스기 마히로, 린, 후지이 유키요

늦은 봄, 하루키는 병원에서 우연히 사쿠라가 놓고 간 노트 '공병문고'를 보다가 야마우치 사쿠라를 만난다. '공병문고'를 통해 하루키는 사쿠라가 췌장암에 걸려 시한부 인생을 살고 있는 것을 알게 된다. 하루키는 사쿠라의 병에 대해서 알고도 그녀를 태연하게 대하고, 사쿠라는 그런 하루키에게 흥미를 갖는다. 두 사람이 도서위원 일로 책장을 정리하던 중 뜬금없이 "너의 췌장을 먹고 싶어."라는 사쿠라의 말 때문에 하루키는 당황한다. 사쿠라는 "너에게 내 남은 삶을, 행복하게 해줄 권리를 줄게."라고 말하고, 하루키를 데리고 다니며 버킷리스트를 함께하기로 한다. 처음에는 정반대였던 두 사람이 여행을 다니며 서로에 대해 알아가고, 하루키는 점점 마음의 벽이 허물어져간다. 사쿠라에 대해 깊이 알게 되면서 하루키는 그녀를 진심으로 걱정하고 있음을 표현하며 자신의 마음을 드러낸다.

하루의 가치에 대하여 어떻게 생각하나요?

두 사람이 대화 도중에 하루키가 "나 같은 사람과 시간을 보내지 말고 너에게 가치 있는 일을 하는 게 어때?"라고 말합니다. 그러자 사쿠라는 "시한부인 나와 그렇지 않은 너의 하루의 가치는 같아!"라고 말해요. 이 영화에서 말하는 하루의 가치에 대해서 생각을 해봅시다.

나의 하루는 과연 어느 정도의 가치가 있을까요? 그리고 무엇을 해야 더 가치 있을까요? 보통 정량적 평가와 정성적 평가라는 말을 쓰는데 시간에 대해서도 그런 의미들을 대입해 볼 수 있겠네요. 1시간이 무의미하게 느껴질 수도 있고 1분이 가치 있게 느껴질 수도 있지 않을까요? '시간, 박약한 세계에 주는 은총'이라는 표현이 있지요. 시간은 한 치의 오차도 없는 정직한 작업이지요. 끊임없이 휘발되고 다시 오고 있으니 은총이잖아요.

당신 삶의 버킷리스트는 무엇인가요?

사쿠라는 남은 삶을 행복하게 살기 위해 버킷리스트를 쓰고 '나'(하루키)와 함께 버킷리스트를 실행합니다. 혼자서 먼 곳으로 여행하기, 한 편의 소설 써보기, 좋아하는 사람과 하루 종일 놀기, 위로 받기, 보이는 대로 박살내기 같은 것들을 당신도 해보지 않을래요? "넌 나를 여자친구로 삼을 생각 없지?"라며 사쿠라는 하루키(나)에게 묻지요. 하루키는 "생각 없어 절대로!" 이렇게 대답합니다. 사쿠라는 '나'인 하루키를 안으며 "죽기 전에 하고 싶은 일 마지막 하나, 연인이 아닌 남자애랑 해선 안 될 일 해보기!"라고 말합니다. 라멘 먹기, 모아둔 돈 다 쓰기, 남자 아이와 여행가서 자고 오기에 이어 사쿠라의 마지막 버킷리스트가 이루어질 수 있을까요?

인생에 진실 혹은 도전게임이 필요할 때는 언제일까요?

영화에서 사쿠라는 '나'의 속마음을 알아보기 위해, 때로는 용기를 내기 위해 진실 혹은 도전게임을 제안합니다. 과연 언제 진실 혹은 도전게임이 필요할까요?

우리는 때로 다른 사람의 중요한 마음을 눈치 채지 못하고 넘어가버리는 경우가 있지요. 만약 그런 때 상대에게 진실 혹은 도전게임을 제안한다면 더 이상 남의 마음을 눈치 채지 못한 채로 멀어지는 경우는 줄어들지 않을까요? 진실의 조각들을 주워 담기보다 매순간 서로 진실된 모습으로 살고 말하면 더 이상 진실게임은 필요하지 않을 것 같네요.

만약 죽을 날이 정해져 있다면,
과연 사쿠라처럼 행동할 수 있을까요?

문학이나 영상작품에서 죽음보다 깊은 주제는 없을 것입니다. 그런데 〈너의 췌장을 먹고 싶어〉 영화의 사쿠라는 흩날리는 벚꽃처럼 (사쿠라는 일본어로 벚꽃이라는 뜻인데 주인공의 작명이 우연인지 아닌지는 모르겠지만요) 밝고 가볍게 자신의 죽음을 대합니다. 그런데 정작 사쿠라는 불치병으로 죽는 것이 아니라 사고로 죽게 됩니다. 인생은 정말 한 치 앞을 모른다는 말을 실감하네요. 영화가 전달하고자 하는 메시지는 이것이 아닐까요? 죽음의 시간과 가치는 아무도 모른다는 것을요.

소공녀

감독: 전고운

출연: 이솜, 안재홍, 강진아, 김국희

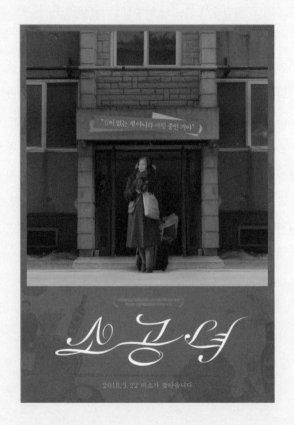

위스키, 담배, 남자친구와의 데이트를 지키기 위해 집을 포기한 미소가 대학 시절 밴드를 같이 한 5명의 친구들을 찾아가는 에피소드를 담은 영화다. 3년 차 프로 가사도우미인 미소는 집만 없을 뿐 자신만의 방식대로 잘 살아가는 캐릭터로 신선하다.

당신에게 있어 '집'의 의미는 무엇인가요?

하우스가 공간적 이미지라면 홈은 정서적 이미지인가요? 집이라는 부동산에 대하여 말도 많고 탈도 많은 대한민국이지요. 그대에게 집은 어떤 공간이고 어떤 이미지로 다가오는지요. 과거 연애·결혼·출산을 포기한 3포세대로 불렸던 젊은 층의 상황이 더 악화, 취업난과 장기화된 경기 불황으로 내 집 마련·인간관계 등 5가지를 포기한 5포세대라는 말이 참 슬픈 지금이네요. 그런데 매일 일터와 학교에서 혹은 여행길에서 돌아오거나 힘든 상황으로 방황하다가 들어오게 되는 공간이 집이지 않나요? 아무리 작고 초라한 집이라도 내 집이 최고라는 생각을 해본 적 있지 않나요?

극 중 인물들에게 있어 집이 어떤 곳인지 살펴보기로 해요. 집이 없는 미소가 처음 찾아간 문영은 점심시간에 틈을 내 링거를 맞고, 승진을 위해 입사 동기들과 열혈 경쟁을 펼치는 커리어우먼이지요. 그에게 집은 휴식을 취하는 곳입니다. 문영은 위스키와 담배에 쓸 돈 때문에 집을 뺐다는 미소에게 '바람 든 것 같다'며 터무니없는 생각을 한다고 질책해요. 누구와 같이 자는 것이 불편해 미소를 재워주지 않는 유일한 친구이기도 하죠. 미소에게 '스탠다드'를 이야기하는 문영에게 집의 의미는 역시 스탠다드, 휴식을 취하는 개인의 공간입니다.

다음 현정은 집에서 시부모를 모시고 살며 남편과 매일 싸웁니다. 집안일을 독박 쓰고 자신에 대해 생각할 시간조차 없죠. 그가 연주하던 키보드는 구석방에 처박혀 쳐다볼 새 없습니다. 현정은 이 모든 것을 지겨워하며 미소에게 한탄하고, 눈물을 보입니다. 그러나 그도 잠시, 생각하는 틈조차도 허용되지 않는다는 듯 얘기를 나누다가 말고 지쳐서 곯아떨어지고 맙니다. 현정에게 집은 지겨운 전쟁터입니다.

대용은 아내를 위해 넓은 아파트를 20년 담보 대출로 구매하지만, 아내가 도망가 버리고 맙니다. 집은 쓰레기로 쑥대밭이고, 대용은 낮에는 정상적인 모습으로 출근하지만 집에만 오면 술로 얼룩진 밤을 보냅니다. 정작 대용이 사용하는 방은 구석의 방 하나뿐입니다. 대용에게 집은 제 발로 걸어 들어갈 수밖에 없는 감옥이지요.

록이는 늙은 부모님과 함께 삽니다. 밥은 어머니가 해 주십니다. 아버지는 조금 아프시지만 자기 방도 있고 편하게 지내는 편입니다. 다만 비어있는 자리는 '며느리' 자리이죠. 록이에게는 부인을 채워야 하는 느낌을 주는 곳이 집입니다.

정미에게 집은 부자 남편 덕에 살게 된 곳입니다. 가사도우미를 쓰고 여행을 자주 다니며 남는 방이 많을 만큼 풍족하게 살고 있죠. 하지만 이는 남편에 의한 것입니다. 따라서 정미는 남편에게 종속되어 있습니다. 가부장적인 남편이기 때문에 조신한 아내로 살아야 하는 정미는 자신이 포기한 것들을 그대로 가지고 살고 있는 미소에게 염치가 없다며 화를 냅니다. 그녀에게 집은 가면을 써야 하는 곳입니다.

민지는 미소가 가사도우미로 일하는 집의 주인입니다. 서울 시내의 번듯한 그 집은 알고 보니 민지의 고객이 민지의 출근 때문에 사준 임시 거처였습니다. 이제 그 집을 반납해야 합니다. 민지는 집을 가진 듯 보였지만, 사실 자신의 집은 가지지 않은 것이었죠.

이렇게 집이 주는 사연들입니다. 집은 가졌지만 행복을 가지지 못한 극 중 친구들과 현실 속의 우리들 이야기가 작품에 녹아있죠. 그대에게 집은 어떤 의미인가요?

미소의 담배, 위스키, 한솔처럼
사랑하는 당신의 안식처는 무엇인가요?
그리고 안정감을 위해 그것들을 포기할 수 있나요?

안식은 사랑하는 가족이 될 수도 있고 맛있는 음식이 될 수도 있고 친구와의 대화가 될 수도 있겠지요. 또 반려견이나 반려묘, 그리고 반려식물이 될 수도 있겠네요.

욕망의 방향이 안정감과 일치하게 되어 돈이 들기도 하지요. 안식을 주는 것들을 지키기 위해 더 열심히 풍요를 도모하며 살아야 할지도 모르니까요. 간단한 예로 고양이를 키우며 안식처로 삼고 싶다면 고양이를 먹이고 키우는 대가비용을 치러야 하지요. 너무 현실적인 말인가요?

영화 내내 섬세하게 이루어진 연출적 언어들이 많아 마

음에 잔잔하고 깊은 울림을 주는 영화입니다. 현실과 이상의 괴리에 대한 고민은 우리네 인생에 가장 길고 꾸준하게, 감기처럼 찾아오는 고민이 아닐까요? 어느 방향으로든 끊임없이 노력하며 살아야겠다는 마음가짐을 다시금 불러일으켜 주는 영화 같네요. 내가 미소라면 필요한 것과 좋아하고 원하는 것들 중 어떤 것을 우선순위에 두고 어떤 것을 포기할지 생각해보게 되네요.

당신은 나를 위한 주체적인 삶을 살고 있나요?

영화 속 미소는 자신을 위한 주체적인 삶을 살고 있습니다. 반대로 미소의 친구들은 매서운 사회의 찬바람을 맞으며 무언가를 포기하고 말았습니다. 그들은 '나'를 위한 주체적인 삶을 사는 대신 현실이 주는 가이드대로 살아내기로 마음먹은 것입니다. 집도 돈도 없고 유일한 낙이었던 담배와 위스키도 못하게 되는 미소지만 영화 속에서는 그 어느 누구보다 밝게 웃습니다. 집이 없어도 가지고 있는 미소의 생각과 취향은 그녀를 움직이게 하는 마치 자가발전기와 같은 것이겠지요? 다른 친구들과 다르게 미소가 간직하고 있는 것. 무엇 하나 없지만, 미소가 밝게 웃을 수 있는 이유는 '나'를 포기하지 않았기 때문이라는 생각이 들지 않나요? 미소처럼 제 자신을 움직이게 하는 무언가를 찾는 시간을 가져보세요. 절대 포기할 수 없는 당신만의 취향이 있다면 무엇일까요? 우리가 진정으로 포기하지 말아야 할 것은 '나'이고 오히려 부수적인 것들이 집과 돈이라는 생각을 하게 되네요. 〈소공녀〉는 물적인 가치와 내적인 가치의 위치가 뒤바뀐 세상에 살고 있는 우리들에게 많은 것을 생각하게 해줍니다. 담담하게 아픔을 덜어내고 싶을 때, 잔잔하지만 뼈있는 영화를 보고 싶을 때, 나만 이런 것이 아니구나 하고 위로받고 싶을 때 보면 좋은 영화랍니다.

악마는 프라다를 입는다

감독: 데이비드 프랭클
출연: 메릴 스트립, 앤 해서웨이, 스탠리 투치

기자가 되기 위해 뉴욕에 온 앤디는 지원한 모든 언론사에 탈락하고 패션 잡지 <런웨이>의 비서로 합격해서 출근하게 된다. 체형도 옷차림도 <런웨이>와는 너무나 거리가 먼 앤디는 미란다 편집장의 마음에 들기 위해 스타일도 확 바꾸고 다이어트까지 한다. 또한 똑똑한 머리로 편집장의 취향과 일상패턴을 정확히 파악해 일을 해내고 점점 미란다의 마음에 들게 된다. 드디어 앤디는 미란다 옆에서 일하게 되고 일반인들이 헉 소리 낼 만한 최고가의 명품 옷과 가방을 선물 받고, 리무진과 초호화 파티 등 화려한 삶을 누린다. 하지만 모든 것엔 그만큼의 대가가 있기 마련. 앤디는 퇴근 후나 휴일에 상관없이 자신을 호출하는 미란다 때문에 소중한 남자친구와 친구를 잃는다. 또 누구보다 파리 출장을 가고 싶어 했던 직장동료가 감기에 걸리자 앤디는 미란다로부터 동료 대신 출장에 같이 가기를 강요받는다. 앤디는 거절했지만 미란다는 그럼 일을 그만두라며 협박을 한다. 사실 일이야 관두면 그만이지만 앤디는 화려한 자신의 삶을 놓고 싶지 않았다. 소중한 주변인마저 잃고 나자 앤디는 지금 이 순간이 본인이 원하던 삶이 맞는지 심각하게 내적 갈등에 빠져든다.

인정받기 위해 더 열심히 노력하는
앤디의 모습이 어떻게 느껴졌나요?

앤디는 허리케인으로 취소된 뉴욕행 비행기 표를 구하지 못해 미란다에게 혼이 납니다. 패션 감각이 없다고 무시를 당하던 앤디는 결국 울음을 참지 못하고 직장동료 나이젤에게 하소연을 하게 됩니다. 하지만 나이젤은 앤디에게 위로 대신 충고를 합니다. 그 말을 듣고 난 후 앤디는 자신이 맡은 업무를 끝까지 완수하기 위해 일에 매달립니다. 그 모습이 미란다의 마음에 들었고, 앤디의 평판은 점점 올라가게 됩니다.

미란다가 앤디에게 맡겼던 업무는 불합리했습니다. 하지만 그렇다고 해서 앤디가 하소연만 했다면 상황은 바뀌지 않았을 것입니다. 그 상황을 해결하기 위해서 앤디는 직장을 그만두거나, 버티거나 둘 중 하나를 선택할 수밖에 없었습니다. 그리고 앤디는 버티기를 선택했습니다. 선택을 하는 일은 항상 어렵습니다. 당신도 선택을 미루고 회피한 적이 있지 않나요? 사회생활에서 선택을 보류하는 행동은 철없는 행동으로 비추어지기도 하지요. 앤디가 나이젤에게 들었던 충고도 비슷합니다. 언제까지 어린애처럼 징징대기만 할 거니?

무시하는 동료들과 상사 밑에서
앤디처럼 버틸 수 있을까요?

일에서 성공한 삶의 화려함을 거절하기는 쉽지 않지요. 그런데 상사는 불가능을 가능하게 하라 하고 단순히 사이가 안 좋다 정도가 아니고 런웨이의 다른 여직원들에 비해 조금 통통한 앤디를 66사이즈라고 부른다든가 앤디의 패션 센스를 가지고 자기들끼리 비웃는다든가 이런 식으로 조롱하고 경멸하거든요. 게다가 소중한 사람을 상처 주면서 얻어야 하는 기회라면 그것은 기회가 아니라 기회들 속에 섞인 함정이 아닐까요? 이런 함정을 잘 피해 가야 비로소 오는 진짜 기회가 있다고 생각하지 않나요? 성공을 위해서 주변인들을 등져야 하는 상황에서 나라면~이라는 질문을 스스로에게 해보고 스스로 대답해보세요. 다시 또 질문을 이렇게도 바꿀 수 있겠네요. 다음 질문처럼요.

두 가지 가치가 충돌했을 때 당신의 선택은?

앤디는 자신의 신념과 일 사이에서 갈등합니다. 앤디는 원래 패션과는 동떨어진 신념을 가지고 있었지요. 하지만 직장에 적응하려고 노력하면서 자신의 신념을 잊어버리게 됩니다. 친구와 애인과의 관계도 점점 멀어지고, 자신의 꿈도 더 이상 생각하지 않게 되죠. 그런 앤디에게 두 가지 선택의 순간이 다가옵니다. 첫 번째는 애인과 일 중에 선택이었습니다. 미란다의 전화를 무시할 수 없었던 앤디는 결국 애인과 헤어지고 일을 선택합니다. 두 번째는 신념과 성공이었습니다. 패션에 열정을 가지고 있는 비서 에밀리가 다리를 다쳤을 때, 앤디는 그녀가 정말 가길 원했던 파리 패션위크에 대신 가게 됩니다. 의도적으로 행동한 것은 아니지만, 결과적으로 앤디는 에밀리의 기회를 가로챈 것입니다. 앤디는 자신이 관심도 없고, 잘못된 가치관을 심어준다고 생각해 무시하던 패션 업계에서 점점 그들과 동화되고, 결국 앤디는 신념을 저버리고 파리에 간다는 선택을 합니다. 그리고 그곳에서, 앤디는 미란다의 성공 이면의 모습을 보게 됩니다. 미란다는 번번이 결혼 생활에 실패하고, 자식에게 죄책감을 느끼고 있었습니다. 앤디는 그런 모습에 연민을 잠깐 느끼지만, 미란다는 바로 일에 집중하는 모습을 보여줍니다. 그런데 미란다가 파리 패션 위크를 성공적으로 이끌고 자신을 위해 열심히 일했던 나이젤을 배신하고 다른 감독을 선택하는 것을 보게 된 후 앤디는 그녀에게 크게 실망합니다. 그런 모습을 닮아가는 자신을 보게 된 앤디는 미란다에게 등을 돌리고 일을 그만 둡니다. 자신이 사랑하지도 않는 패션 업계에서 성공하기 위해 자신의 신념을 버리는 행동은 앤디에게 맞지 않았던 것이죠. 미란다와 앤디는 서로 다른 길을 선택했지만, 자신이 사랑하는 것을 선택한 것은 같지요. 미란다가 앤디에게 자신과 같다고 말한 것은 이런 의미가 아니었을까요?

살다 보면 우리 모두 이와 비슷한 갈등을 겪게 됩니다. 머리가 시킨 대로 살 것인가 가슴이 말하는 대로 행할 것인가. 햄릿 대사처럼 이것이냐 저것이냐 그것이 문제로다 이렇게요.

다음으로 영화의 주제를 관통하는 결정적인 장면인 데요, 그런 앤디에게 사건이 터집니다. 〈런웨이〉에서 오랜 기간 일했던 동료 나이젤에게 미란다가 파트너를 소개시 켜주기로 약속한 것을 들은 앤디는 함께 축하하고, 다음날

공식적으로 나이젤을 소개하는 파티에 참석합니다. 그러나 파티에 가던 도중 재클린이란 여자가 미란다를 쫓아내고 편집장 자리에 앉는다는 소식을 듣고 앤디는 걱정스러운 마음으로 파티에 참석하고, 이어서 미란다의 연설이 시작됩니다. 이미 미란다는 다른 딜을 했던 것입니다. 이 장면과 관련해서

내가 나이젤이라면 미란다를
기꺼이 이해해줄 수 있을까요?

상황에 따라 다를 것 같네요. 만약 친구가 미리 사정을 이야기했다면 속상하긴 하지만 정말 친한 친구라면 그래도 도우려 할지 모르지요. 하지만 섭섭함은 어쩔 수 없을 것 같습니다. 이렇게 〈악마는 프라다를 입는다〉는 화려한 패션과 도시의 모습 등 볼거리를 제공하고 오락적으로 멋진 영화이면서도 인생에 대해 깊이 생각해볼 수 있는 내용입니다. 흔히 영화에서 보통 주인공의 성공 스토리를 아름답게 그리지요. 현실은 뼈아픈 아픔을 겪기도 하고, 때론 비열한 짓을 해야 하는 갈등의 기로에 놓일 것입니다. 영

화에서는 결국 자신의 신념과 소중한 사람들을 위해 화려한 성공이 보장된 자리를 기꺼이 내려놓는 주인공의 성장을 함께 보게 됩니다.

그렇다면 나에게 성공의 의미란?

앤디가 직장을 그만둔 선택에 관객들의 의견이 분분할 수 있겠네요. 커리어에서 성공 대로를 달리고 있던 앤디의 선택을 누군가 보기에 마음이 아팠을 수도 있고, 후련했을 수도 있습니다.

성공이란 무엇일까요? 다른 사람들의 인정을 받는 것일까요? 아니면 내가 열정을 불태울 수 있는 곳에서 일하는 것일까요? 물론 내가 원하는 곳에서 인정을 받는 것이 가장 좋겠지만, 안타깝게도 쉽게 얻을 수 있는 결과는 아닙니다. 앤디는 뉴욕 매거진에서 저널리스트로 사회에 좋은 영향을 주는 글을 쓰고 싶어 했습니다. 하지만 모두 탈락하고 자신이 생각지도 못했던 패션 잡지사에서 비서로 일하게 됩니다. 결국 자신과 맞지 않다고 생각해 그만두었지만, 열심히 일한 시간은 헛된 것이 아니었습니다. 앤디가 잡지사에서 일했던 것처럼 언론사 가서도 그렇게 열심히 한다면 성공할 가능성은 크니까요.

인생에는 워낙 예상치 못한 상황이 종종 찾아옵니다. 에밀리도 패션에 열정을 가지고 열심히 일했지만, 다리를 다쳤기 때문에 어쩔 수 없이 기회를 놓친 것처럼요. 앤디가 순전히 운이 좋았다고 말할 수도 있겠지만, 그 운을 기회로 만든 것은 앤디의 노력이었습니다. 미란다와 앤디는 자신의 일을 완벽하게 해내려고 하는 사람입니다. 단지 둘의 가치관이 달랐던 것이죠. 둘 중 어느 한쪽이 틀렸다고 말할 수는 없습니다.

이 영화는 처음 개봉했을 때 명품과 패션 업계에 대한 차별적인 시선 때문에 비난을 받기도 했어요. 하지만 그저 패션계의 화려한 모습만 보여주는 것이 아니라 그 이면까지 성찰하고 있습니다.

위플래쉬

감독: 데이미언 셔젤
출연: 마일스 텔러, J. K. 시몬스, 멜리사 비노이스트

셰이퍼 음악학교의 평범한 드러머였던 앤드루는 혼자 연습을 하던 도중 플레처 교수를 만나 교내 최고의 밴드에 발탁된다. 처음에는 따뜻하게 앤드루를 대하지만 연습이 시작하자 플레처는 고함과 욕설을 내지르며 앤드루를 몰아세운다. 단순히 박자를 놓쳤다는 이유로 의자를 집어 던지고 뺨을 때리고 밴드 멤버들 앞에서 조롱을 한다. 앤드루는 굴하지 않고 오기로 피나는 연습을 하고 밴드의 메인 드러머 자리를 차지하게 된다. 하지만 앤드루는 플레처 교수의 압박감에 점점 불안정해지고 광기를 표출한다. 그러던 중 교통사고가 났어도 부상인 채로 공연을 하다 결국 밴드에서 쫓겨나게 된다. 그 이후 학교에서 플레처를 가혹 행위로 고소하고 앤드루는 증인으로 나서서 플레처를 해임시킨다. 시간이 흐른 후 재즈 클럽에서 둘은 재회하게 된다. 플레처는 공연에 앤드루를 드러머로 부르지만 그것은 학교측 증언을 한 앤드루에게 모욕을 주기 위해 부른 자리였고 앤드루는 그런 상황에 굴하지 않고 자신만의 연주를 하고 플레처는 인정할 수밖에 없게 된다. 둘만의 광기 어린 연주와 미소로 마무리되는 영화는 에너지가 넘친다. <위플래쉬>란 영화 속에서 밴드가 연주하는 재즈곡의 제목이다. 중간 부분 드럼 파트가 돋보이는 곡이다. 단어의 원뜻은 '채찍질'을 뜻한다고 한다. 영화의 전체 내용과 잘 맞게 지어진 제목이라 할 수 있다.

내 인생에서 플레처 같은 선생을 만나면 어떨 것 같나요?

재즈 클럽에서 만난 앤드루와 플레처의 대화 장면을 다시 떠올려 봅니다. 과연 제자의 음악적 완성도를 위해서인지 본인의 명성을 위해서인지 플레처 같은 스승을 만나 숨막힐 듯한 압박을 받으며 가르침을 받는다고 상상하면 어때요? 섬뜩하지 않아요? 삶에 있어서 나를 이루고 있는 것은 능력 혹은 직업 같은 것만이 아니라 다양한 삶의 요소들로 이루어져 있다고 하지요. 영화에서 앤드루는 좋아하던 여자친구와 헤어지면서까지 연습에 몰두하지만 결국 자기 자신을 파괴하는 모습을 보이기도 했잖아요. 플레처 교수는 학생 개개인을 자신의 밴드 부속품으로만 취급하는 모습을 볼 수 있습니다. 폭력적이고 가학적인 그를 보면서 혹시 나도 나의 목적을 위해 다른 누군가에게 플레처였던 적은 없었나 생각해보게 되네요. 내 마음대로 되지 않는다고 화를 내는 것도 상대방에게는 플레처로 다가갔을 수 있는 거니까요.

삶에 있어서 플레처 같은 면도 필요하지 않을까요?

삶을 살아가며 목표를 이루는 데 있어서 플레처 같은 사람도 필요하지 않을까, 흔히 말하는 스파르타 방식이 무조건 나쁜 것일까에 대해서 생각해보셨나요? 성공한 사람들은 끊임없이 노력하고 그것을 위해서 어느 정도 삶의 일정 부분을 포기합니다. 워라밸(일과 삶의 균형이라는 의미인 Work-life balance의 준말)이라는 말도 그래서 나온 것이 아닐까요? 일과 삶의 밸런스 중심은 사람마다 다르겠지만요. 게으르고 나태함이 때로는 자극과 반응 사이의 행간으로 다음 도약을 위한 휴식일 수 있지요. 플레처와 같이 자신을 갉아먹을 정도로 극단적인 완벽주의만을 지향하는 것은 결코 균형 감각이 있는 삶의 태도는 아니지 않을까요?

만약 모든 것을 포기하고 하나에만 집중했다면 그것을 잃고 난 후에 다른 길을 찾기는 어려울 것 같습니다. 경주마와 같이 옆을 보지 못하고 앞만 보고 달리게 되면 결국 주변에 무엇이 있는지 알지 못하게 되는 것처럼 말이지요. 그래서 더욱 지금 이 순간에 무엇이 가장 중요한지 계속 돌아보는 것이 앤드루와 같은 상황에 처하지 않는 길이 아닐까요?

　# 다음으로 〈위플래쉬〉 마지막 10분 엔딩 장면을 떠올려 봅니다.

　앤드루가 '카라반'을 연주하는 것을 보여줍니다. 연주곡 '카라반'은 작품 내에서 앤드루에게 좌절, 실패, 성공, 복수 이 모든 것을 느끼게 해주는 중요한 곡입니다. 연주가 끝났음에도 앤드루는 드럼 솔로를 멈추지 않고 손가락에 피를 흘리면서 광기에 빠져듭니다. 플레처는 앤드루와 눈을 맞추며 페이스 다운을 시킵니다. 앤드루는 자기가 원하던 사람(제2의 찰리 파커)이 되었음을 확인하고 광기 어린 마지막 곡을 연주하며 영화는 막을 내립니다. 천재를 넘어선 괴물의 모습을 하고 있는 앤드루, 한계를 넘어선 성공이자 비극의 결말을 보여주는 장면이지요.

　피로 물든 드럼이 어떤 의미로 다가오는가요?

　어떤 분야에서 최고가 되려면 고통은 당연히 함께하는 것이지요. 박지성의 발, 김연아의 발을 보며 노력의 결과로 얻은 상처는 영광이고요. 이 드럼이 상징하는 것도 마찬가지입니다. 최고의 드러머가 되고자 한 앤드루의 노력이 드럼을 피로 물들였습니다. 우리는 이 피를 소름 끼친다고 비난할 수 없을 것입니다. 그런데 작품 속 앤드루는 오직 자신만의 의지로 이런 노력을 한 것이 아니라 플래처의 계속된 채찍질이 그를 그렇게 할 수밖에 없도록 만들었기 때문에 마냥 아름답고 존경한다고만 할 수 없지 않을까요? 만약 앤드루가 지인이었다면 '수고했다'며 박수를 치지 '잘했다'라며 박수 치진 않을 것 같다고 한 음악도가 그러더라고요.

마지막 두 사람이 주고받은 웃음은 어떤 의미일까요?

플래처 교수의 웃음은 인정과 만족의 웃음이라고 생각하시나요? '카라반'을 빠른 속도로 연주하는 앤드루를 드러머로서 인정한 것, 이제 드디어 자신이 원하는 드러머로 완성된 것에 대한 만족의 웃음이지요. 앤드루도 자신을 무시하던 교수를 향해 웃어주었습니다. 해냈다는 의미였을까요? 제대로 엿 먹인 뿌듯함일까요? 이 웃음이 해피엔딩을 의미한다고 생각하나요? 앤드루가 괴물이 되어간다는 생각은 안 해보셨나요? 지나친 야망과 집착을 계속해서 내비친 그가 잠시 성공했다는 희열을 느낀 것에서 나온 웃음일 뿐 그 이후 어떠한 형태로든 파멸을 맞게 될 것 같지 않나요? 혹은 이 정도면 충분하다는 생각으로 나태함을 포장한 경우라 생각되나요? 행동으로 열정을 실현시키다 보면, 어느 순간 꿈에 가까이 도달해있지 않을까요?

코코 Coco

감독: 리 언크리치

출연: 안소니 곤잘레스, 가엘 가르시아 베르날, 벤자민 브랫

멕시코 마을에 살고 있는 소년 미구엘의 집안은 고조할아버지가 음악을 위해 고조할머니와 딸 코코를 버리고 가족을 떠나면서부터 음악을 금지해 버리게 되었다. 하지만 미구엘은 갑작스러운 사고로 죽음을 맞이한 멕시코의 전설적인 가수 델라 크루즈를 통해 영감을 얻으며 뮤지션을 꿈꾼다. 어느 날 광장에서 사람들의 구두를 닦아주던 미구엘은 한 음악가에게 '죽은 자의 날 노래대회'에 대한 소식을 듣게 된다. '죽은 자의 날'은 설탕이나 초콜릿 등으로 해골모형을 만들고 죽은 이의 명복을 비는 멕시코 명절 중 하나이다. 미구엘은 기타를 빌려 대회를 준비하지만 가족들에게 들켜 결국 실패로 돌아가고 만다. 하지만 음악에 대한 열정을 떨쳐버릴 수 없었던 미구엘은 죽은 자의 날 당일, 집을 뛰쳐나온다.

노래대회에 참가하기 위해 공동묘지에 있는 델라 크루즈의 기념관에서 기타를 훔칠 생각을 한다. 기타를 훔쳐 기타 줄을 한 번 팅기는 순간 죽은 자의 물건에 손을 댄 대가로 유령이 되어 죽은 자들의 땅에 가게 된다.

죽은 자들의 땅에 가게 된 미구엘은 그곳에서 음악을 하는 코코의 아버지, 즉 자신의 고조할아버지인 헥토르를 만난다. 헥토르를 통해 음악을 위해 가족을 버린 것이 아니라 미구엘이 존경하는 가수인 델라 크루즈에게 배신을 당해 오해가 생긴 것이라는 사실을 알게 된다. 또한, 이승에서 기억해 주는 사람이 한 명도 없는 망자는 죽은 자의 땅에서도 소멸해 버린다는 이야기를 듣게 된다. 현재 이승에서 유일하게 헥토르를 기억하고 있는 사람인 코코마저도 치매로 인해 기억을 잃어가고 있으니 헥토르는 소멸될 위기에 처한 것이다. 오해를 풀고 소멸을 막기 위해 이승으로 돌아간 미구엘은 헥토르가 코코에게 자주 불러주던 'Remember Me'를 연주하며 코코가 헥토르를 기억하게 하고 모든 오해를 풀어 제단에 다시 헥토르의 사진을 올리고 그가 죽은 자의 날에 이승으로 올 수 있게 한다.

잊지 않고 기억하는 것이 우리에게 주는 것은 무엇일까요?

멕시코 고유의 명절, 망자의 날을 배경으로 사후세계가 존재하고 또 사람들이 많이 기억할수록 사후세계에서 화려하게 살고 죽지 않는 세계관을 가졌다고 합니다. 〈코코〉에서는 사람을 기억하는 일을 아주 중요하게 여기지요. 죽음을 계속해서 기억과 연결했습니다. 우리는 사진과 그림 같은 것으로 흔적을 남겨 추억들을 기억할 수 있게 하지요. 멸종위기종을 보호하려 하거나 전통을 이어가려 하고 물건이나 건물을 문화재로 지정하여 옛것들이 사라지지 않게 보존하고 추억합니다. 이렇게 사람들은 소중한 것들을 잊지 않으려고 노력해요.

잊지 않는다는 것은 그 사람과 영원히 함께 있고 싶다는 것이겠지요. 또 우리가 이렇게 기억들을 잊지 않으려고 노력하는 것은 내가 힘들 때나 지칠 때, 그것들을 추억하고 싶을 때, 행복한 기억을 떠올리고 싶을 때, 또는 외로울 때 살며시 나에게 찾아와 위로를 건네주기 때문이 아닐까요. 잊지 않는다는 것은 지금을 살아가기 위해 기억하며 그것들이 우리 곁에 있다고 생각하고 그 추억이 펼쳐질 미래에 원동력이 되어주는 것이니까요. 더 나아가서 죽더라도 다른 사람에게 좋은 사람으로 기억되고 싶다는 생각을 하게 되네요.

인간의 망각이란 신이 준 선물이라 하지만 어찌 보면 또 소중한 걸 앗아가는 일이기도 하지요. 기억을 잊어버리는 건 나 자신을 잊어버리는 것이고, 또 누군가에게 잊혀지는 것 또한 나를 잃는 것이 아닐까요.

사람과의 관계에서 죽음이 주는 영향은 무엇일까요?

지인의 죽음을 경험하는 일은 만질 수도, 눈을 맞출 수도, 웃음소리를 들을 수도 없는 일이더라고요. 그리고 못 해준 것만 기억되는 자책감이 생존해 있는 사람을 괴롭히기도 하지요. 어떤 사람은 죽음을 이별이나 끝이라고 생각하고 어떤 사람은 죽음을 또 다른 시작이라고 말하지요. 이렇듯 사람마다 죽음에 대한 관점은 다릅니다. 그래서 죽음은 많은 변화를 몰고 오는 것일까요?

죽음은 살아있는 자에게 깨달음과 슬픔을 주기도 하고요. 그리고 아무렇지 않게 함께 보냈던 일상들이 그리워지고 두고두고 추억하게 되지요. 그렇다면 죽음이란 부정적인 것만이 아니라 성찰하고 성장하게 하는 것이네요.

그래서 죽음은 마냥 슬프기만 한 것이 아니라 우리에게 시작과 끝을 겪으며 사람이 보다 더 사람답게 살 수 있게, 그리고 관계를 더욱 소중하게 여길 수 있게 만들어주는 것이지요. 그리고 누군가를 계속해서 기억한다는 것은 그만큼 그 사람을 사랑하고 있다는 증거 아닐까요?

우리는 살면서 크고 작은 오해로 인한 갈등을 만나게 됩니다. 영화에서는 부부였던 헥토르와 이멜다의 오해로 인해 생긴 갈등이 사후세계까지 이어집니다. 그 때문에 헥토르는 가족에게서 잊혀져갑니다.

현실에서 오해는 서로 간의 소통이 부족하거나 신뢰가 부족했을 때 생긴다고 생각해요. 그로 인해 갈등이 증폭되기도 하고요. 오해는 풀기 전까지는 오해였다는 생각을 못하지요.

영화에서는 후손인 미구엘 덕에 고조할아버지인 헥토르가 가족들과 오해를 풀고 사후세계에서 행복하게 삽니다. 이렇게 서로 간의 오해에서 제3자가 도와주어 진실을 알게 되는 경우도 있습니다. 그렇지만 삶에서는 제3자가 도와주길 기다리는 것보다 조금 더 능동적으로 진실을 위한 노력을 해야 하지 않을까요? 우리는 누군가와 진실을 마주하기도 전에 미리 예측하고 판단해버리지는 않나 생각해보게 되네요.

소울

감독: 피트 닥터, 켐프 파워스

출연: 제이미 폭스, 티나 페이, 그레이엄 노튼, 레이첼 하우스

역사상 가장 완벽한 애니메이션 작품이라는 호평을 받은 <소울>은 픽사의 작품이다. 위대한 재즈 피아니스트를 꿈꾸던 조 가드너. 하지만 그의 현실은 중학교 밴드 교사. 열정 없는 아이들과 함께하는 그 시간마저도 소중한 그에게 두 번의 기회가 오게 된다. 하나는 중학교 정규직 교사가 되는 길이고, 다른 하나는 꿈에 그리던 최고의 재즈 밴드와 함께할 수 있게 된 것이다. 어머니는 안정적인 길을 권하지만, 그는 삶의 목적이자 이유인 음악을 포기할 수 없어서 두 번째 길을 선택한다. 그런데 선택이 이루어진 그 순간 조는 죽음을 맞이한다. 그토록 원하던 꿈이 이루어지기 직전, 조는 머나먼 저세상으로 떠나는 계단으로 떨어진다. 도저히 죽음을 받아들일 수 없었던 그는 도망을 치다 그만 벼랑 끝으로 떨어지게 되고 그가 도착한 곳은 태어나기 전 세상, 유 세미나에 도착하면서 벌어지는 이야기를 다루고 있다.

영혼들에게 각각의 촉이 있다는 말이 나와요. 조의 스파크 즉 촉은 음악이지요. 그대의 스파크는 무엇인가요? 연기일 수도 있고 글쓰기일 수도 있고 운동일 수도 있겠지요. 그런데 촉은 목적이나 목표가 아니라고 제리가 말해요. 제리의 말이 틀렸다는 것을 증명해내기 위해 조는 고군분투하게 되고요. 그런 조가 클럽 하프 노트에서 꿈에 그리던 성공적인 공연을 마치고 혼자가 되었을 때 허무함을 호소합니다. 당신의 삶의 목표와 목적은 무엇인지요? 한 배우는 열심히 준비해서 올린 공연이 끝난 후 너무도 허탈감이 밀려와 무대 위에서 짐승이 울부짖는 것처럼 포효했다고 해요.

도로시는 물고기 이야기를 해줍니다. 바다를 찾고 있던 물고기가 있었는데 그 물고기는 이미 바다에 있었다고요. 무엇이 혹은 어떤 것이 되기 전과 되고 난 후에도 언제나 그곳에 있었는데 우리는 다른 곳을 향해 있는 것이지요. 우리는 언제부터 삶의 목표니 목적이니 그런 것들이 꼭 있어야만 살아갈 수 있는 세상에서 살게 된 것일까요? 위대한 업적을 남기고 부자가 되고 유명해지는 것이 성공으로 정의된 세상에서부터였을까요? 물질적인 성공보다 이제 개개인의 행복에 대한 가치로 그 시야가 옮겨가고 있지만 여전히 각자의 목표와 목적이 무엇인지 강요받곤 하지요. 삶의 이유와 목적은 거창한 꿈, 되고 싶은 목표, 삶의 이유 이런 것들이 아니라 살아가는 그 자체에 있는 것이 아닐까 요? 행복은 일시적으로 느껴지는 감정이 아니라 공기처럼 자신에게 잔잔히 깔려있는 것이라는 말도 있지요.

우리는 왜 살고 싶은 것일까요?

보통의 우리들은 '왜 살아야 하는가?'라는 질문을 던지고는 하지요. 하지만 영화 〈소울〉에서는 이런 질문을 뒤집어 버립니다. 질문이 바뀌면 우리는 하나의 지향점이 아닌 복수의 대답을 할 수 있습니다. 순간순간이 모여 우리는 각자에게 주어진 인생이란 시간을 충실히 살아갑니다. 모두 다른 하루였으니 어떤 하루를 보내더라도 소중하지 않은 날이 없지요. 무엇을 위해 살기보다 신이 이 지구별에 우리를 보낸 것은 행복하고 즐겁게 살아보라는 것 아닐까요? 복잡하고 거창하게 말고 간단하게 생각하면서 하루를 살아가면 되는 일 아닐까요? 조 가드너도 "마지막 칸은 그냥 살 준비가 됐다는 거라고." 하잖아요. "몰입은 즐겁지만 그 즐거움이 집착이 되면 사람은 삶에서 일탈하는 거네."라는 대사도 있습니다. 〈인사이드 아웃〉을 만든 감독 피트 닥터는 〈소울〉을 통해서 여전히 행복은 가까이 있는 것이라고 응원해주네요.

조제, 호랑이 그리고 물고기들

감독: 이누도 잇신
출연: 츠마부키 사토시, 이케와키 치즈루, 우에노 주리

영화 <조제, 호랑이 그리고 물고기들>은 나와 다른 세계를 이해하려는 마음이야말로 내가 사는 세계의 희망이라 말하는 이누도 잇신 감독의 경계 3부작 중 한 작품이다. 이 작품의 주인공 츠네오와 조제는 장애라는 경계를 사이에 두고 전혀 상반된 모습을 보인다. 조제를 만나기 전 츠네오는 애인과 섹스 파트너를 따로 두고도 그 사실에 어떤 감흥이나 의미도 가지고 있지 않은, 사랑에 지극히 무덤덤한 남자였던 반면 츠네오를 만나기 전의 조제는 자신의 장애 때문에 방에 갇히다시피해 사랑을 접할 기회가 전무했던, 그래서 오히려 사랑이 주는 약간의 자극에도 쉽게 평정을 잃는 여자다. 처음 만난 사랑과 삶의 자극이 두려워 처음부터 자신의 진짜 이름 대신 좋아하는 소설의 주인공 이름으로 자신을 소개하는 조제의 모습은 대사 이면에 숨겨진 또 다른 언어(셔레이드)가 돋보인다. 대사로는 톡 쏘아붙이고 있지만 행동과 눈빛은 이미 츠네오에게 빠져있는 조제처럼 전혀 다른 방향으로 뻗어 나가는 것 같지만 결국 그 사이의 경계에서 교차해 곡절의 시너지 효과를 내기 시작한다. 바닷속을 천천히 부유하기만 하는 물고기들은 마침내 조제가 자신만의 세상에서 벗어나 아무것도 없는 가혹한 바다지만 살아가야 한다는 깨달음을 보여준다. 본래 아무것도 없는 바닷속을 계속해서 떠도는 물고기들의 모습에서 삶과 사랑에 좀 더 덤덤해진 조제를 찾을 수 있다.

　# 가란다고 가는 츠네오, 그런 츠네오를 잡는 조제. 조제의 애처로운 말들은 그녀가 처음으로 자신의 감정을 솔직하게 이야기하는 장면으로 질문 몇 가지를 만들어보자.

　누군가에게 절실하게 필요한 존재였던 때가 있었나요?

　가족이 나를 필요로 하고, 친구가 나를 필요로 할 때도 있지요. 일을 같이하는 동료가 나를 필요로 하는 상황도 있을 것이고요. 능력을 인정해주고, 존중해주며 나를 필요로 했을 때 신뢰받고 있다는 보람을 느낄 것입니다. 누군가에게 필요한 존재가 될 때 오히려 에너지가 더 생기는 성격유형도 있지요. 나만 내 가족만 위하는 소시민적 삶보다는 누군가가 필요하다고 손 내밀 때 기꺼이 그 손을 잡아줄 수 있는 당신이 되고 싶지 않나요? 적극적인 조력자로 남에게 필요한 존재가 되는 삶은 아름다운 삶이고말고요.

자신의 감정을 숨기다
끝내 진심을 이야기한 때가 있었나요?

여자 주인공 조제는 극 초반, 유모차와 할머니 집이라는 지극히 협소한 세계에 갇혀 세상 밖에 나온 적이 없는 인물입니다. 그 때문에 바깥세상에 대한 두려움이 극에 달해 있고 그 공포와 자신이 가진 장애에 위축되어 매우 소극적이고 신경질적이기 때문에 주로 안면 표정을 통해 내면을 엿보게 합니다. 그러나 극이 흘러가며 조제는 츠네오가 주는 사랑에 점점 더 크게 흔들리고 차츰 자신의 감정을 표현하는 제스처 사용이 확대되지요. 조제라는 인물의 변화가 감지됩니다. 사랑이 시작되면서부터요.

사랑을 시작할 때 그리고 이별을 이야기할 때 감정을 숨기다가 진심을 토로하게 되지요. 연애를 시작할 때, 그 사람을 좋아한다는 감정을 들키는 게 부끄러워서 숨기다 고백을 했던 경험이 있나요? 감정을 들킨다고 해서 부끄러운 것이 아닌데 말이지요. 솔직하려면 우선 용기가 필요하지요. 하지만 진심을 표현하지 않아 평생 후회하면서 살기보다 용기를 내어 진실과 마주 선 모습은 결과와 상관없이 덜 후회하게 되지 않을까요? 한 시인은 '나는 나 때문에 고아가 되었다'라고 시집에 썼더군요. 내가 나 때문에 진실을 잃고 사람을 잃는 일은 하고 싶지 않네요. 조제는 자신의 진심에 용감했어요. 영화 후반에서는 떠나려는 츠네오를 때리고 츠네오의 전 여자친구의 뺨을 치는 등 더 많은 감정을 나타낼 수 있게 되었지요. 사랑에 있어서 자존심을 세우는 것이 아니라는 말을 합니다. 용기 있는 자만이 사랑을 얻을 기회가 있지 않을까요? 그렇다면 사랑, 그것은 용기 있는 자의 것이네요. 선물 같은 사랑을 하세요.

찰리와 초콜릿 공장

감독: 팀 버튼

출연: 조니 뎁, 프레디 하이모어, 데이비드 켈리

<빅 피쉬>, <가위손> 등으로 유명한 팀 버튼 감독이 특유의 상상력을 발휘해서 판타지 영화로 입체화시킨 작품이다. 인간의 욕망을 세상에 5장뿐인 초콜릿 속 골드티켓을 가진 아이들이 초콜릿 공장에 가게 되면서 벌어지는 이야기로 전개시켰다.

전 세계 누구에게나 사랑받는 세계 최고의 초콜릿 공장인 '윌리 웡카 초콜릿 공장'.

어느 날, 윌리 웡카가 5개의 웡카 초콜릿에 감춰진 행운의 골드티켓을 찾은 어린이 다섯 명에게 자신의 공장을 공개하고 그 모든 제작과정의 비밀을 보여주겠다며 선언!

엄마, 아빠, 할머니, 할아버지와 함께 초콜릿 공장 바로 옆, 다 쓰러져 가는 작은 오두막집에서 살고 있는 찰리 역시 초콜릿 공장에 가고 싶어 한다.

찰리는 매일 밤 잠들기 전 공장 안이 어떻게 생겼을지를 상상하며 잠이 들곤 했다.

눈 쌓인 거리에서 우연히 돈을 주워 웡카 초콜릿을 산 찰리가 다섯 번째 골드티켓을 발견한 주인공이 되었다! 웡카의 초콜릿 공장에 들어간 찰리는 눈 앞에 펼쳐지는 놀라운 광경에 입을 다물지 못한다. 한편, 찰리를 제외한 다른 네 명은 웡카의 놀라운 발명품들에는 관심이 없고 한결같은 욕심과 이기심, 승부욕과 과시욕에 눈이 멀어 자꾸만 문제를 일으키는데...

주인공인 가난한 소년 찰리가 골드티켓을 들고 있다. 500달러와 바꾸자는 가족들과 행운을 놓치지 말라는 할아버지의 말에 찰리가 골드티켓을 들고 고민하는 장면이다.

골드티켓 같은 행운이 주어진다면 어떻게 할 것인가요?

가난은 무엇보다 포기를 배우게 한다는 슬픈 말이 생각나네요. 골드티켓을 선택할까, 돈과 바꿀까 질문을 계속 던져보게 될까요? 아니면 주어진 행운을 선택할 것 같나요? 돈으로 바꾸면 당장은 좋겠지만 나중에 후회가 되어도 되돌릴 수 없기 때문에 보장되지 않은 행운일지라도 한번쯤은 모험을 시도해볼 것 같지 않나요?

행운을 잡았을 때 올바른 판단을 할 수 있게 해주는
조언자가 있나요?

영화 속에서 할아버지는 찰리가 후회 없는 선택을 할
수 있도록 조언자가 되어주는 인물입니다. 올바른 판단을
할 수 있게 조언을 구할 수 있는 사람이 누가 있을까 생각
해 보게 됩니다. 가족일 수도 있고, 친구일 수도 있겠네요.
게다가 인생의 멘토가 있다면 축복이지요. 힘든 결정을 해
야 할 때 지혜롭게 해결할 수 있도록 조언을 해주고 행운
을 잡았을 때에도 올바른 판단을 할 수 있도록 할 테니까
요. 삶은 만남에 있다는 말도 생각나네요.

지금까지의 삶에서 골드티켓 같은
행운이 주어진 적이 있나요?

골드티켓 하니까 로또복권이 떠오르지 않나요? 복권은
산 날로부터 발표 직전까지가 행복한 시간이지 않아요?
복권에 당첨되면 그 돈을 어떻게 쓰겠다는 꿈을 꾸는 일은
마치 여행계획을 세우는 일만큼 행복한 순간이지요. 가만

생각해 보면 그런 엄청난 행운은 아직 오지 않았지만 작은 행운들은 계속되고 있는 거 아닐까요? 한편으로는 그런 행운의 기회가 주어진 것도 모르고 지나친 게 아닐까라는 생각이 들기도 하네요.

기회를 기다리기보다는 찾아서 쟁취한다면 골드티켓 주인공이 될지도 모르지요. 찰리는 부모님이 선물해주신 생일선물에서도, 할아버지 비상금으로 산 초콜릿마저도 골드티켓은 나오지 않은 상황에서 길거리에 있는 돈을 발견했을 때 그것을 들고 다시 한번 초콜릿을 사러 갈 용기와 희망을 가졌잖아요. 찰리가 그 돈을 가지고 집에 돌아갔더라면 그 돈으로 가족들과 한 끼 식사를 해결한 후 다시 예전의 생활로 돌아가 잠깐의 환상이었다며 잊어버렸을 것입니다. 하지만 찰리는 다시 또 한 번 시도했습니다. 천국은 침노하는 자의 것이라는 말이 생각나는군요.

다음으로 윌리 윙카가 찰리를 집에 데려다주고 찰리에게 공장의 후계자 자리를 줄 테니, 가족들을 등지고 공장으로 함께 떠나자는 부분입니다. 영화의 주제와 줄거리를 모두 담고 있는 장면으로, 윌리 윙카가 초콜릿 공장의 문을 열고 견학을 할 수 있는 골드티켓을 뿌린 이 영화의

모든 것을 설명해주는 장면이라 할 수 있지요.

나라면 어떤 선택을 했을 것 같은가요?

월리 웡카를 따라갈 건가요? 물론 가족이 소중하지만, 월리 웡카를 따라가 초콜릿 공장에서 생활하며 이따금 가족들을 만나거나 추후에 가족들과 함께 사는 방향을 고려할 수도 있지 않나요? 현실적으로 생각하면 월리 웡카의 제안은 매우 달콤한 제안이잖아요. 결정적으로 보장된 성공은 생각보다 세상을 살아가기에 큰 장점이 되기도 하니까요. 소중하고 행복한 존재이지만 적당히 거리를 둘수록 애틋한 관계가 가족이라는 생각 해보셨나요? 함께하기에 행복한 가족이지만, 때로는 너무 가까워서 생기는 문제들이 많은 것 또한 가족입니다. 애증으로 갈고 닦여진 관계가 가족이니까요. 가족도 작은 사회이고 인간관계의 일종이기 때문에 무엇보다 끈끈한 관계인 동시에 때로는 휴식과 서로의 프라이버시를 존중해주는 적당한 거리가 필요한 이중적인 존재이기도 하지요. 그런 가족을 버리지 못한 찰리는 본능적으로 가족 중심의 사랑이 깊은 인성 유형이네요.

후회하지 않을 자신이 있는가? 영화 속 윌리 웡카가 찰리에게 던진 질문을 스스로에게 그대로 던져보세요. 인생을 살면서 우리는 여러 선택을 하게 됩니다. 그리고 모든 선택에는 책임이 따르고 그에 따른 결과가 어떨지는 우리 모두 알 수 없지요. 그렇기 때문에 모든 선택에는 후회가 필연적일지도 모르겠어요. 그 후회를 떠안고 결과에 책임을 지는 것이 선택에 대한 대가이고 우리는 지금까지 그 대가를 이겨내 왔고, 앞으로도 이겨나갈 것입니다. 그런 선택에 대한 결과와 후회를 책임진다면, 그것이 바로 후회 없는 선택이 아닐까요?

포레스트 검프

감독: 로버트 저메키스

출연: 톰 행크스, 로빈 라이트, 게리 시니즈

영화 <포레스트 검프>는 불편한 다리, 떨어지는 지능을 가지고 태어났지만 자식에게 강인하고 헌신적인 어머니의 사랑과 첫사랑 제니와의 만남으로 주변의 편견과 괴롭힘 속에서도 열심히 성장해 나가는 포레스트 검프의 이야기다. 학창시절 포레스트는 친구들의 괴롭힘을 피해 도망치던 중 어떤 누구보다 빠르게 달릴 수 있는 자신의 재능을 알게 된다. 그의 재능을 발견한 대학에서 그를 미식축구 선수로 발탁한다. 졸업 후에는 뛰어난 신체능력으로 군대에 들어가서 무공훈장을 수여받는 등 기적 같은 날들이 계속되었다. 하지만 어머니가 병에 걸려서 죽음을 맞이하고 제니도 그의 곁을 떠나가면서 다시 한 번 인생의 전환점을 맞는다. 시간이 많이 흐르면서 포레스트는 소중한 것들을 잃는 아픈 경험을 겪었고, 최선을 다해 살아온 이유가 사라진 것 같은 아픔을 느끼기도 했다. 결국 포레스트는 자신의 운명 앞에 최선을 다해 상대했고 그에 맞는 성장을 이뤄낸다.

포레스트는 무덤덤한 표정으로 아이들을 바라보며 전혀 부끄럽다거나 창피한 표정이 아니었어요. 제니와 대화를 나눌 때에는 자신의 다리가 멋지다고까지 하지요. 그 아이들의 시선이 몹시 괴로웠을 것 같다는 생각이 들지 않나요? 자신의 치부나 남들과 다른 점을 부끄러워하거나 싫어하는 사람들이 더 많을 것입니다. 그런 다름을 대하는 포레스트가 멋져 보이지 않나요? 보통 타인의 시선에 신경을 쓰는 우리가 아닌가요? 우리는 남들이 어떻게 생각하느냐에 온 신경을 쏟기도 합니다. 포레스트가 등교 버스에서 내려 어머니에게 달려가 울며 학교 가고 싶지 않다고 할 수도 있었을 텐데 말이지요. 재능을 발견했어도 어린 시절의 아픔으로 인해 자존감이 많이 떨어져서 함부로 시도하지 못했을 수도 있었고요. 아무리 어머니의 헌신적인 보살핌이 있더라도 견디기 힘들었을 것 같네요. 어릴 때부터 남들의 시선에 큰 자극을 받지 않은 포레스트였기 때문에 장성해서도 남들의 시선과 상관없이 자신의 길을 뚜벅뚜벅 가지 않았을까요?

당신이 포레스트 어머니였다면 어떤 마음이었을까요?

포레스트 어머니는 자식을 위해서라면 무엇이든 하였습니다. 그런 어머니의 죽음인데요. 암 환자로 죽음에 가까워진 포레스트 어머니는 슬퍼하는 포레스트에게 너무 슬퍼하지 말라 합니다. 죽음도 삶의 일부라며 아들을 달래줍니다. 같이 눈물을 흘리며 힘들어하는 모습이 아니라 담담하게 운명을 맞고 아들에게도 홀가분하게 말해줍니다. 장애인이자 지능이 낮은 자식을 키워서 사람들의 시선을 받았을 텐데도 어머니의 표정은 아무렇지 않았고 포레스트를 아주 잘 성장시켰지요. 적극적으로 응원해주었고 최선을 다했습니다. 내가 포레스트 어머니였다면 그렇게 평정심을 가지고 살고 죽음 앞에서도 담담할 수 있을까 그런 생각을 해봅니다. 그리고 포레스트 어머니는 "인생이란 하나의 초콜릿 상자와 같단다. 어떤 게 걸릴지 모르거든."이라는 말을 남깁니다. 텔레비전 드라마 〈내 이름은 김삼순〉의 모티브가 되었던 초콜릿 상자 대사입니다. 무슨 의미로 포레스트에게 말했을까요? 모두에게 주어진 운명이 있는 것이고 주어진 능력에서 최선을 다해야 하는 것이 아닐까요. 자신의 운명에 대해서 끊임없이 생각하고, 능력을 믿고 노력하다 보면 초콜릿 같은 좋은 결과가 주어진다는 의미이지 않을까요?

포레스트는 어떤 생각을 하며 달렸을까요?

'RUN! RUN!! Forrest RUN !!!'제니가 외치고 포레스트가 뛰는 장면인데요. 여기에서 기적이 일어나 잘 뛰는 재능을 발견해 다리에 끼웠던 장치들을 던져 버리고 그 뒤로 매일 뛰어다니며 살아갑니다. 그런 말이 있습니다 '검프처럼 자신의 선택을 믿고 그대로 달려가는 인생이 되기를 바란다.' 항상 우리는 앞날에 대해 걱정이 앞서 있습니다. 실패할까 두려워하고 이 길이 내 길이 아니면 어쩌지라는 생각부터 합니다. 포레스트는 무작정 달리며 자신이할 수 있는 일은 무엇이든 하려고 합니다. 마라톤 대회에도 나가게 되죠. 아이들에게 괴롭힘을 당하고 상처도 받지만 포레스트는 누구를 원망하거나 동요하지 않고 자신이원하는 것, 자신이 보고 있는 그것들에 집중하며 성장합니다. 이것저것 따지지 않고 길이 있으니 달린다는 그런 생각으로 달렸을 것 같네요. 그 길은 또 다른 길을 안내하고 있었지요. 검프가 달리는 그 도약에 새로운 길들이 생겼고요. 포레스트가 "저마다 운명이 있는지 아니면 바람 따라 떠도는 건지 모르겠어. 내 생각엔 둘 다 동시에 일어나는 것 같아."라고 말하는 장면이 있습니다. 그는 살면서 자신에게 주어진 운명이 있다는 것을 깨달았고, 초콜릿 상자에도 피하기 힘든 쓴 초콜릿이 있다는 것과 내 마음대로 되지 않는 일도 많다는 의미인 것 같지 않나요? 당신은 초콜릿 상자에서 어떤 초콜릿부터 먹기 시작하겠는지요?

레미제라블

감독: 톰 후퍼

출연: 휴 잭맨, 러셀 크로우, 아만다 사이프리드, 앤 해서웨이

빅토르 위고의 유명소설을 뮤지컬영화로 각색한 걸작이다.

죽어가는 조카를 먹여 살리기 위해 빵 한 조각을 훔친 장발장은 그 죄로 인해 19년의 감옥살이를 하게 된다. 형기를 마친 장발장은 위험인물 증서를 신분증으로 대체하며 가석방된다. 하지만 사람들은 죄인이라는 이유로 장발장을 핍박하며 멸시한다. 지쳐있는 장발장을 본 미리엘 신부는 따뜻한 음식과 잠자리를 제공해준다. 장발장은 새벽에 은식기들을 챙겨 야반도주하게 되고, 얼마 못 가 경찰에게 붙잡혀 성당으로 끌려온다. 하지만 미리엘 신부는 자신이 은식기를 준 것이 사실이라며 풀어 달라 부탁하고 장발장에게 정직한 사람으로 살아가라며 보내준다. 죄를 지었음에도 용서를 받은 장발장은 타락한 자신을 보고 죄책감을 느낀다. 그리고 속박하는 위험인물 증서를 찢으며 새로운 삶을 살기로 결심한다. 이후 한 도시의 시장이자 공장의 사장으로 신분이 바뀌게 되고 마들렌 시장으로 새 삶을 살아간다. 장발장은 우연히 마차에 깔린 시민을 구해주고 그것을 지켜본 자베르 경감은 순간 힘이 센 죄수 24601번을 떠올리며 의심하게 된다.

홀로 아이를 키우는 판틴은 마들렌 시장의 공장에서 직원들의 모함을 받고 반장에 의해 쫓겨난다. 그리고 빈민가에서 머리카락과 이빨을 팔며 매춘부의 삶을 살아간다. 장발장은 빈민가에서 혼란을 일으켜 경찰 자베르에게 잡힐 뻔한 판틴을 구해주고 그녀가 공장에서 억울하게 해고당했다는 사실도 알게 된다. 장발장을 의심한 자베르는 상부에 보고했지만 죄수 24601번이 잡혔다는 소식을 듣게 된다. 장발장은 자기 대신 잡혔다는 죄 없는 사람을 감옥에 보낼 수 없어 자수를 하게 된다. 그 후에 자베르에게 쫓기게 되고 판틴에게 찾아가 그의 딸 코제트를 평생 책임지며 살아갈 것을 약속한다.

자베르를 피해 숨어 지낸 지 9년이 지난 파리에서 우연히 마주친 코제트와 혁명가 마리우스는 서로 첫눈에 반하게 된다. 하지만 자베르에게 들키게 될까 봐 장발장과 코제트는 다시 달아나게 되고 우연히 마리우스의 편지를 본 장발장은 마리우스를 지켜내기 위해 6월 항쟁이 있는 바리케이트로 간다. 겁에 질린 시민들이 혁명세력을 도와주지 않아 실패로 돌아가고 죽을 뻔한 마리우스를 장발장이 살려낸다. 장발장은 도망을 가다 자베르와 마주치게 되지만 자베르는 그를 체포하지 않고 놓아준다. 자베르는 자신이 평생 쫓았던 죄수에게 빚을 지고 법과 신념을 저버렸다는 죄책감에 스스로 목숨을 끊는다. 그 후 마리우스와 코제트는 결혼하게 되고, 6월 항쟁은 후에 일어날 혁명운동에 영향을 미치게 된다.

사랑하는 사람을 위해 무엇을 포기해 본 적이 있나요?

판틴은 억울하게 공장에서 해고당한 뒤, 빈민가에서 머리카락과 이빨을 팔며 매춘부의 삶을 이어가는데, 모두 코제트의 양육비를 보내기 위해 일어난 일이었어요. 본인의 삶을 더 지향했으면 코제트를 입양 보낸 뒤 평범하게 살수도 있었을 텐데 자신의 삶을 포기하며 코제트를 살리는 엄마의 사랑이 아주 깊었지요. 사랑하는 누군가를 위해 무엇을 포기해 본 적은 있는지 되돌아보게 하는 대목이더라고요. 이 세상에서 최고의 영성은 돌아올 것을 생각하지 않고 베푸는 사랑이 아니겠어요?

당신이 장발장이라면 자수를 했을까요?

나 대신 다른 사람이 감옥살이를 하게 되고 대신 들어간 사람의 삶이 180도 바뀌게 되는 상황이지요. 죄책감에 휩싸여 제대로 살 수 없을 것 같지 않아요?

그런데 장발장이 시장이 아니더라도 저렇게 이야기할 수 있었을까? 그런 의문도 품어보게 됩니다. 사람들이 모인 집단에서는 항상 보이지 않는 서열이 존재하지요. 같은 하층민끼리도 절대적 약자는 따로 정해져 있습니다. 만약 장발장이 같은 하층민이었다면 그렇게 쉽게 이야기할 수 있었을까? 한 번 더 생각하게 되는 질문인 것 같습니다. 너무 솔직한 표현인가요?

우리도 시민혁명단처럼 함께 항쟁을 이끌 수 있을까요?

쉽지 않았을 것 같지 않나요? 우리나라 독립운동가 그리고 민주항쟁을 하던 분들을 생각해 보세요. 목숨을 걸고 나라와 민족을 위해 힘쓰는 일, 과연 나도 할 수 있을지 잘 모르겠어요. 그렇지만 해야 한다면 함께 해야 하지 않겠어요? 포도 한 알은 힘이 없지만 포도알들이 모인 포도송이를 단지에 넣고 함께 합하면 근사한 와인이 되듯이 말이지요. 연대의 힘은 그런 것이 아닌가 생각되네요. 그런데 프랑스 혁명을 이끌었던 시민들이 어떤 구성원으로 이루어졌는지 잘 모르지만, 영화에서 혁명가들은 젊은 남성 위주로 내용이 흘러가고, 여성은 사랑만을 좇는 이상주의자로 표현되는 부분이 조금 아쉬웠다는 의견도 있었어요. 혁명

시민들 속 어린아이인 가브로쉬와 여성인 에포닌도 속해 있지만 에포닌은 민주주의를 위한 투쟁보다는 마리우스에 대한 사랑을 위해 헌신한 모습으로 그려졌잖아요. 가브로쉬와 에포닌이 교활한 사기꾼 테나드리에 부부의 자식인 점을 생각하면, 생각과 행동이 건강한 사람으로 자라난 그들이 대견합니다. 역사적 배경이 어떠하든 영화 〈레미제라블〉은 높은 완성도를 갖춘 작품입니다.

조카를 위해 빵 한 조각을 훔친 장발장은 정말 죄인일까요?

물론 편의점에서 천 원짜리 물건을 훔쳐도 처벌받는 세상이긴 합니다. 그렇지만 당시 프랑스는 엄청난 귀족사회였기 때문에 가난하고 낮은 신분의 장발장은 아무리 노력해도 돈을 벌 수 없어 음식을 살 수 없었습니다. 굶어 죽어가는 조카를 살리기 위해서 어쩔 수 없이 도둑질을 한 것이기 때문에 정말 죄인은 도둑질을 할 수밖에 없는 사회적 구조였다는 생각이 들지 않으세요? 생명보다 더한 가치는 없지요. 굶어 죽게 두어야 할까요? 빵이라도 훔쳐 일단 기아에서 구제하고 보아야 할까요?

장발장과 자베르가 말하는 정의 중
더 올바른 정의는 무엇일까요?

장발장은 영화 내내 법을 어기는 범죄자 신세이지만 가장 정의로운 삶을 삽니다. 법 앞에 무자비한 자베르는 죄인을 인간으로 대해주지 않고, 그들이 어떤 배경으로 이렇게 되었냐는 중요하게 여기지 않았어요. 하지만 장발장은 힘이 없고, 억울한 죄인을 인간으로 대해주고, 그들을 위해 다시 범죄자가 되기를 자청합니다. 그런 정의가 더 올바른 정의라고 생각하지 않나요? 당신은 자신의 신념대로 살고 있습니까?

리틀 포레스트

감독: 임순례
출연: 김태리, 류준열, 문소리, 진기주

일본만화가 원작이다. 일본영화도 있지만 임순례 감독의 <리틀 포레스트>는 우리 정서와 우리 환경을 잘 버무린 작품으로 호평을 받았다.

주인공 혜원은 도시에서의 지친 삶을 뒤로하고 고향으로 돌아온다. 그런 혜원을 은숙과 재하가 반겨주는데 은숙은 전문대를 졸업하고 은행에 다니는 친구로, 항상 서울로 간다고 말하는 것이 입버릇이다. 재하는 대학을 졸업하고 도시에서 취업을 했지만 다시 고향으로 돌아온 친구로, 현재 과수원을 하고 있다. 사실 혜원에겐 풀지 못한 과거도 있는데! 혜원이 수능을 끝내고 집으로 돌아온 날, 자신의 삶을 찾을 것이라며 이해할 수 없는 편지를 남긴 채 홀연히 사라져버린 엄마. 혜원은 이런 기억을 간직한 채로 고향에서 친구들과 농작물을 수확하며 계절마다 다양한 음식을 만들어 먹는다. 혜원은 요리를 할 때마다 엄마가 문득문득 떠오른다. 이렇게 하나둘 쌓여가는 고향 속 추억들에, 고향에서 잠깐 지내려던 혜원의 계획은 무너지고 어느덧 사계절을 보낸다. 그와 동시에, 혜원은 갑자기 떠나버린 엄마가 밉지만, 고향에서 1년을 보내보면서 엄마의 편지를 점차 이해할 수 있게 된다. 엄마와의 추억이 담긴 곶감을 말리면서 혜원은 다시 서울로 올라갈 결심을 한다. 그런 혜원을 보며 은숙은 아쉬워하지만, 재하는 금방 돌아올 것이라고 믿는다. 재하의 말대로, 또 다른 봄이 온 후 혜원은 다시 고향으로 내려오게 된다.

혜원이가 본 열려있는 문과
바람에 흔들리는 커튼은 무슨 의미일까요?

혜원이 수능 시험을 치는 날 가출한 엄마가 돌아왔음을 암시하는 장면이라고 해요. 여태껏 남편 없이 혼자 딸을 키워온 혜원의 엄마가 홀로서기를 준비하는 딸을 바라보며 이제는 때가 되었음을 느꼈을 것 같네요. 그래서 잊고 지내던 자신의 작은 숲을 찾아 나서는 선택을 하지 않았을까요? 다정한 말로, 그리고 따뜻한 음식으로 천천히 오랜 시간을 미리 준비해둔 것이 아닌가 싶어요. 그리고 봄이 되어서야 마침내 선선한 봄바람과 함께 혜원에게 다시 돌아왔을 거라 생각해요. 누군가의 아내나 엄마가 아닌 진짜 자신과 자신만의 작은 숲을 찾아서 말입니다. 혜원 또한 자신의 작은 숲을 찾았기 때문에 미소 지을 수 있었고요. 아무리 수능 시험이 끝났다지만 아직은 엄마의 손길이 필요한 때에 19살의 딸에게 편지 한 장 달랑 남겨둔 채 떠난 엄마를 이해하려 해도 쉽지 않았을 것입니다. 그런 엄마가 돌아왔다는 것을 직감하고 이렇게 환하게 미소 지을 수 있었던 건 혜원도 무겁고 큰 숲에서 벗어나 자신만의 작은 숲을 찾았기에, 혹은 찾아가는 중이기에 자신과 비슷한 처지였을 그때의 엄마를 이해하고 용서할 수 있었던 것 아닐까요?

내가 원하는 삶을 살고 있나요?

재하는 좋은 직장에 취직했지만 자신의 삶을 살고자 그 자리를 포기하고 고향으로 돌아왔습니다. 후회를 하지 않기란 쉽지 않겠지만, 결정하는 순간만큼은 어디에 휘둘리지 않고 소신 있게 재하처럼 결단력 있는 선택을 하고 싶지 않나요? 보통 버티라고 많이 그러잖아요. 버티면 좋은 날이 올 것이고 괜찮아진다고 말이지요. 그런데 삶은 살아가는 것이 아니라 버티는 걸까요? 생각해 보세요. 버티는! 이 말은 삶 속에 '버팀'이 있다는 뜻이지 삶이 '버팀'이라는 것은 아니지 않나요? 즉, 삶 속에는 아주 많은 것들이 있는데, 그중에 하나라는 것이지요. 삶은 살아가는 것이기도, 즐기는 것이기도, 힘든 것이기도, 버티는 것이기도 합니다.

힘들 때마다 생각나는 것이 있나요?

힘들 때면 받았던 편지들을 떠올리곤 한다는 사람이 있어요. 직접 꺼내 보기도 하고요. 현실에 지쳐서 나는 어떤 사람인가에 대해 의문을 가질 때 편지를 읽으며 스스로를 채워 나간다고 하네요. 생일 같은 특별한 날에 받았던 편지든, 평범한 날에 받았던 편지든 그 속에는 자신을 향한 사랑이 담겨있다고 생각하는 것이지요. 편지는 쓰는 사람이 온전히 받는 사람을 생각하면서 쓴 것이니까요. 편지 속에 담긴 응원, 고마운 표현들이 더욱 힘나게 해주니까요. 돌아가신 부모님을 생각하며 그분들은 내가 행복하기를 꼭 바라고 계실 거야, 그런 다짐으로 새 힘을 얻는 사람도 있고요.

혜원의 고향 같은 자신만의 숲이 있나요?

보통 서울 토박이들은 고향이 없다는 말을 해요. 돌아갈 곳이 없다는 뜻 아닐까요? 혜원은 지쳤을 때 돌아갈 자연과 그 자연 속에서 얻은 재료로 요리를 합니다. 자신의 숲속으로 들어가서 안식한 순간이지요. 영화 속에서 언급하는 숲은 마음의 편안함을 찾을 수 있는 어떤 곳 혹은 어떤 것이지요. 그 숲이 그림과 음악일 수도 있고요. 좋아하는 음악을 들으며 그림을 그리다 보면 정말 나만의 숲이 만들어지니까요. "그렇게 바쁘게 산다고 문제가 해결이 돼?" 영화 속 재하의 대사입니다. 〈리틀 포레스트〉는 바쁘게 살아가는 현대인들이 잠시 쉬어갈 수 있도록 따스하게 감싸주는 영화입니다. 주인공들이 스스로 결정하는 삶은 우리가 잊고 있었던 삶을 상기시켜 주기도 하고요. 일상에 지쳐버린 사람들이 자신은 지금 어느 계절로 살고 있는지, 자신의 숲이 무엇인지 생각해 보고, 자신의 숲을 만들며 다시 도약할 수 있길 바랍니다.

여러분에게 한 끼란 어떤 의미인가요?

어떤 사람에게 한 끼란 자신을 위한 칭찬? 격려? 같은 행동이라고 해요. 편의점에서 아무 음식이나 사 먹으면 기분이 우울하고 제대로 된 밥을 먹은 느낌이 안 날 때 있지 않나요? 살기 위해서 어쩔 수 없이 먹는 느낌 같은 때 말입니다. 하지만 제대로 된 한 끼를 먹으면 에너지를 받은 느낌이 들지요. 뭔가 든든해지는 느낌? 그런 느낌은 충만함을 줍니다. 그래서 힘들어서 그만두고 싶다가도 속에서 한 번 다시 해보자 하는 생각이 들게 하는 마술을 부리지요.

내일 죽는다면 마지막으로 먹을 음식으로 고향의 장어 파는 식당에 가서 부모님과 민물장어를 먹겠다고 말한 친구도 있어요. 그 친구는 부모님과 이야기 나누면서 행복한 시간을 보낸 그 기억을 추억하고 있을 것입니다. 그렇게 마음의 허기를 달래주는 음식이 각자 있지요. 김치볶음밥일 수도 있고 된장찌개일 수도 있고 매운 닭발 요리일 수도 있고요. '죽고 싶지만 떡볶이는 먹고 싶어' 제목의 책도 있지요.

엔딩에서 혜원의 계절은 어느 계절인가요?

영화 시작 부분에서 혜원의 계절은 겨울이었습니다. 오랜 시간을 그 겨울에 머문 혜원은 돌아간 고향에서 특별한 사계절을 보내며 사람을 만나고, 정을 느끼며, 치유되는 기분을 느낍니다. 그렇게 혜원의 시간이 흐르고 나아가 계절도 바뀌고 있음을 알게 되고 고향으로 돌아온 진짜 이유를 깨닫게 되지요. 엔딩 장면에서요. 푸릇한 식물들이 무성한 시골길을 자전거로 자유롭게 누비고 돌아온 집, 열려 있는 문, 그리고 선선한 바람에 흔들리는 흰 커튼. 이 모든 게 혜원에게 찾아온 새로운 봄을 알려줍니다.

아이 필 프리티

감독: 에비 콘, 마크 실버스테인
출연: 에이미 슈머, 미셸 윌리엄스

자존감과 관련된 영화라 할 수 있다. 자존감이 낮던 주인공 르네가 자신이 마법으로 인하여 예뻐졌다고 착각하게 된다. 그제야 자신에게 당당해지고 자신의 매력을 알게 되면서 새로운 인생을 살게 되는 내용이다. 르네는 명품 화장품 브랜드 소속의 온라인 부서에서 일하는데, 사람들이 알고 있는 명품 뷰티 업계와는 동떨어진 허름한 사무실에서 근무한다. 회사의 본사는 멋진 유리빌딩이고, 그곳에서 근무하는 사람들은 화려한 외모와 마네킹 몸매를 가진 여성들이 대부분이다. 르네는 업무를 위해 본사를 방문할 때마다 자신의 모습을 부끄러워하고 부러움의 눈길로 건물을 바라보곤 한다. 언젠가는 본사에서 근무하고 싶다는 꿈을 꾸면서 말이다. 르네의 자존감은 놀라울 정도로 낮다. 자신이 뚱뚱하고 못생겼기 때문에 자신에게 일어나는 부정적인 일들은 모두 자신의 탓이라고 생각한다. 어느 날 르네가 살을 빼기 위해 유명 스피닝 학원에 등록한다. 학원에서 전용 신발을 받기 위해 카운터로 갔는데, 많은 사람들의 눈치를 보느라 자신의 신발 사이즈조차 당당하게 이야기하지 못한다. 그리고 친구들과 SNS에 사진 올리는 것조차도 남들의 시선을 신경 쓰느라 쉽게 올리지도 못한다. 그런데 스피닝 학원에 등록하고 시작한 지 얼마 지나지 않아 넘어지면서 머리를 바닥에 부딪치게 되는데, 그 이후로 거울 속 자신의 모습이 그토록 원하던 몸매도 좋고 아주 예쁜 모습으로 보이는 것이다. 물론 다른 사람들 눈에 르네의 모습은 그대로이다. 그렇게 머리를 부딪친 이후로 자존감이 높아지고 당당한 모습으로 바뀐 르네에게 일어나는 일들을 보여주는 영화 <아이 필 프리티>. 이 영화의 중요한 관점은 주인공이 갑자기 몸이 변하여 날씬해진 것이 아니라 그대로 뚱뚱한데 자존감을 회복하는 것, 그 자체가 좋다고 하는 것이다. 외모 감옥에서 스스로 탈출한 데에 의미를 두었다.

르네같이 사람을 겉모습만 보고 판단한 경험이 있나요?

'보이는 것이 믿는 것이다'라는 말처럼 사람을 겉모습부터 보고 판단하기 쉽지요. 사람과 직접 대화를 나누는 것이 아니라면 사실상 그 사람에 대해서 제대로 알지 못하기 때문에 겉모습을 보고 '저 사람은 어떤 사람일 것 같다'라는 생각을 하며 멋대로 사람을 판단하곤 하지요. 르네는 외모 콤플렉스가 심했는데 그것은 자신의 내면에 당당하지 못하고 스스로 자신의 겉모습만을 판단했기 때문이지요.

우선은 굉장히 놀랄 것 같죠? 패닉 상태에 빠질지도
모르지요. 일상에서 많은 것들이 바뀌게 될 것 같네요.
일단 옷 사이즈가 안 맞으니 옷을 새로 사야 할 것 같고
요. 갑자기 변한 모습을 지인들에게 보이기가 두려워
밖에 나가는 것을 망설일 것 같네요. 혹시 나가고 싶지
않을까요? 그런데 다른 사람들도 혹시 갑자기 변한 모
습일 수도 있잖아요. 세상이 다 변해버렸을지 모르잖아
요. 코로나 시대에 거리의 모든 사람들이 마스크를 쓴
것처럼 말이지요.

외모지상주의라는 말을 한 번쯤은 아니, 종종 들으며
살아가고 있지 않나요? 다양한 미디어를 접하고 있는 현
대인. 우선 TV 드라마만 보아도 날씬하고 예쁜 사람들이

여주인공 역할을 합니다. 그래서 많은 사람들에게 비춰지는 직업이라 무리하게 다이어트를 하거나 성형을 하는 연기자들도 많지요. 연예인이 아닌 일반인의 예를 들어도 마찬가지입니다. 본인의 외모가 준수하지 않고 뚱뚱하다는 이유만으로 아르바이트 면접에서 떨어졌다는 글이 인터넷 사연으로 올라옵니다. 심지어 피부에 여드름이 많거나 살집이 많은 사람들을 놀리고 정말 심하게는 저렇게 살 거면 나 같으면 평생 집에만 있겠다든가 하는 악성 댓글을 접합니다. 이렇게 심각한 외모지상주의는 사실상 현실적으로 해결 방법이랄 게 없는 편이지요. 개개인이 사람을 바라보는 시선이 건전하게 바뀌지 않는다면 말이죠. 미의 기준이 획일화되어버렸어요. 하지만 그 문제에 대해서 잘못됐다는 사실을 인지하고 고쳐나가려고 노력하다 보면, 왜곡된 사회가 조금, 정말 아주 조금씩 변하지 않을까요. 그러기 위해 남들이 바뀌기를 바라기보단 나부터 보이는 것만이 다가 아니라는 점을 새기면서 사람의 겉모습이 아닌 내면을 성찰하는 우리가 되어보아요.

꾸뻬씨의 행복여행

감독:피터 첼섬
출연: 사이먼 페그, 로자먼드 파이크, 장 르노

<꾸뻬씨의 행복여행>은 이미 책으로 유명하고, 영화로도 제작되어 한국인들에게 친숙한 작품이다. 다른 꾸뻬씨 시리즈도 계속되고 있다.

남 부러울 것 없는 정신과 의사인 꾸뻬씨는 어느 날 갑자기 자신 역시 행복하지 않다고 결론을 내린다. 마음의 병을 안고 찾아오는 사람들을 어떤 치료로도 진정한 행복에 이르게 할 수 없음을 깨달았기 때문이다. 결국 진료실 문을 닫고 무엇이 사람들을 행복하게 하고 불행하게 만드는지 알기 위해, 또 자신의 환자들을 치료할 행복의 비밀을 찾기 위해서 여행을 떠난다. 여행 중 많은 것을 느끼며 배우고 돌아와, 언제나 자신이 행복하다는 것을 느끼며 환자들에게도 더 좋은 의사가 되고, 일상에서의 소소한 행복을 찾으며 행복하게 살아간다는 내용이다.

모든 사람들은 누구나 삶이 행복하길 바란다. 행복하지 않다고 느낄 때 이 영화를 보면 분명 꾸뻬씨가 찾은 행복을 함께 찾게 될 것이다.

행복여행을 떠난다면 어느 나라로 가고 싶나요?

코로나 이전에는 시간과 돈만 있으면 언제든 다른 나라로 여행을 갈 수 있다고 생각했지요. 그런데 코비드 시대에 우리는 아무리 돈과 시간이 많아도 마음대로 여행을 떠날 수 없다는 것을 실감하지 않았나요? 아주 가까운 일본도 갈 수가 없었으니까요. 그러니 나중은 없다, 떠날 수 있을 때 떠나라는 말이 진리처럼 다가오는군요. 가까운 아시아가 되었든 아주 먼 멕시코나 브라질, 혹은 아프리카 어디든 떠날 수 있을 때 떠난다면 그 자체가 행복여행 아닐까 그런 생각을 해봅니다. 물론 국내에도 아름다운 곳이 많으니 국내 여행도 바람직하고말고요. 그래도 꼭 가고 싶은 나라가 있다면 물론 그 나라부터 가보아야지요. 행복의 나라로.

도대체 행복이란 무엇일까요?

행복을 찾아 여행을 떠나는 그 자체가 행복이 될 수도 있고 행복을 찾아 떠난 여행이지만 행복하지 않은 여행이 될 수도 있지요. 그런데 말이지요. 우리네 삶이 늘 불행하기만 한 것이 아니듯이 늘 행복하기만 한 것도 아니지 않나요? 슬픔이 하루 종일 머무는 것이 아니듯 기쁨이 24시간 내내 머문 것이 아니라 잠시 머문 기쁨의 기억으로 슬픔을 이겨내기도 하고 감사의 기억으로 불평불만에서 벗어나기도 하지 않나 그런 생각을 해봅니다. 그래서 힘들거나, 가끔 불행해지는 순간이 오면 내가 행복을 느끼는 것은 이것이었지 하면서 스스로 행복을 찾는 법도 살아가는데 있어서 정말 중요하다고 봅니다. 그렇게 되면 행복한일이 더 많아질 것이고 삶이 점점 더 아름다워지지 않을까요?

싱 스트리트

감독: 존 카니

출연: 퍼디아 월시 필로, 루시 보인턴, 마리아 도일 케네디

음악을 좋아하는 학생 코너는 교육에 나가는 돈을 아껴야 한다는 부모님의 말씀에 따라 '크리스찬 브라더스'라는 학교에 전학을 가게 된다. '크리스찬 브라더스'는 일반 학생들과 달리 불량 학생들과 그런 학생들을 때리면서 가르치는 선생님들이 있는 학교였다. 코너는 학교에 적응을 하지 못하고, 폭력적인 학생들에게 맞기도 한다.

그러던 어느 날, 학교 앞에 서 있는 모델 지망생 라피나를 보고 첫눈에 반한다. 코너는 그녀에게 자기가 하는 밴드의 뮤직비디오 모델을 구한다고 거짓말을 하게 된다.

얼떨결에 친구들을 모아 '싱 스트리트'라는 이름의 밴드를 결성한 코너는 라피나를 주인공으로 한 뮤직비디오를 성공적으로 완성하고, 자신감을 얻어 몇 편의 곡과 뮤직비디오를 만든다. 그러면서 밴드의 코디를 맡은 라피나와 코너의 관계는 점점 발전하기 시작한다. 그러나 그녀에게는 이미 남자친구가 있었다. 모델이라는 꿈도 있었다. 라피나는 그 꿈을 이루기 위해 남자친구와 런던으로 떠난다. 게다가 사이가 좋지 않던 부모님은 별거를 하게 된다. 슬픔에 잠겨 지내던 코너 앞에 다시 라피나가 나타나지만 그녀는 전과 다르게 희망을 잃은 듯한 모습이다. 그녀의 모습에 착잡해 하던 코너는 그녀를 데리고 런던에 가서 밴드 음반을 계약하면 어떻겠냐는 친구 에이먼의 말에 런던으로 갈 계획을 세우게 된다.

시간이 흘러 '싱 스트리트' 밴드는 졸업 공연을 성공적으로 마친다. 무대를 통해 자신을 핍박하던 선생님의 코를 납작하게 눌러주기도 한다. 그리고 그날 밤, 코너와 라피나는 코너의 형 브렌든을 찾아가 항구까지 데려다주기를 부탁한다. 라피나는 포트폴리오, 코너는 데모 테이프와 비디오만 가지고 있었다. 브렌든은 망설임 없이, 기꺼이 두 사람을 차에 태운다. 결국 코너와 라피나는 할아버지의 배를 타고, 런던을 향해 항해한다. 거센 비바람과 파도를 맞으면서.

자신의 선택이 옳았다고 생각한 순간이 있었나요?

꿈을 향하여 가다가 그 꿈에 가까이 닿게 되면 자신의 선택이 옳았음을 느끼는 순간이 오겠지요. 이런 순간들 속에서 〈싱 스트리트〉의 메시지처럼 하고 싶은 일을 해야 하고 가만있기보다 무언가를 하고 나아가려 노력한다면 꿈이 점점 다가옴을 느끼게 되지 않겠어요? 스스로 한 선택은 결국 옳은 방향을 알려주는 때가 올 테니까요.

주인공 코너처럼 불확실한 미래를 위해

많은 것을 감수한 선택이 있었나요?

이미 결정된 일에는 불확실성이 없고 안전할 것입니다. 그런데 불확실한 미래에 시간과 열정을 불태우기에는 망설여질 때가 있지요. 세상은 저지른 자의 몫이라는 말이 생각납니다. 불확실한 미래에 자신의 모든 것을 건 코너와 같은 선택을 우리가 할 수도 있지요, 거센 파도를 헤치며 미소를 지은 코너처럼 고난과 역경이 닥치더라도 후회 없는 선택에 미소 지을 수도 있고요. 할까 말까 할 때는 하고 갈까 말까 할 때는 가라는 말도 있잖아요.

내가 브렌든이라면 런던으로 떠나려 하는

코너를 도왔을까요?

주인공의 형인 브렌든은 동생 코너를 위해 자신이 좋아하는 것들을 포기하며 동생을 위해 길을 만들어주는 조력자 역할을 합니다. 음악을 만드는 방법도 형이 알려준 것이었죠. 영화 속 브렌든은 코너에게 "넌 내가 닦아놓은 길을 편하게 걸어왔어, 아무런 노력 없이", "날로 먹은 건 넌데 사람들은 날 비웃어. 다들 넌 칭찬하면서…", "나도 삶에 열정이 있었어."라고 말합니다. 영화에는 브렌든의 이야기가 자세히 나오지 않았지만 맏이로서 동생들을 위해 희생한 것이 엿보이는 대사입니다. 그렇게 코너를 원망하는 듯 보이지만, 누구보다도 코너를 위해주는 사람은 바로 브렌든이었습니다. 코너에게 브렌든은 정신적 지주입니다. 브렌든은 코너의 도전을 마치 자신의 도전인 것처럼 기뻐합니다. 대책 없이 떠나려는 코너를 말리면서 몇 시간 동안 설교를 늘어놓는 형도 있을 수 있지요. 부모님에게 아무런 말도 없이, 가진 것도 없이 떠난다고 너무 철없는 생각을 한 건 아닌가? 하면서 말이죠. 맏이로서 많은 제약을 받으며 자랐지만 동생의 꿈을 지켜주려고 노력하는 과정에서 그의 삶도 조금씩 바뀔 것이라는 희망이 엿보였지요.

라피나는 자신을 위해 행복한 노래를 만들어 달라고 코너에게 이야기합니다. 그러자 코너는 만약 자기가 행복하지 않다면 어떻게 하냐고 말합니다. 그러자 라피나는 코너에게 너는 슬픔이 행복하지 않다고 생각하는 게 문제라고 말합니다. 코너는 어리둥절했지요. 행복한 슬픔이라니. 며칠 뒤 코너는 친구들에게 자신이 생각한 해피새드에 대해 말합니다. "온갖 고난과 시련이 닥치더라도 그걸 감당하며 나아가는 것이 Happy Sad이고, 그것이 인생!"이라 얘기합니다. 우리네 삶이 늘 장미꽃을 뿌려놓은 탄탄대로만일 수 없습니다. 원하지 않았지만 큰 굴곡을 만나고 시련을 만나고 참혹한 현장을 목격해야 하기도 하지요. 영화 대사에서처럼 슬픔 속에서도 행복을 느낀다는 게 무엇인지 알게 되려면 일단 그 슬픔을 상대하고 통과해보아야겠지요. 슬픔에 잠겨만 있으면 하지 못할 경험입니다. 주인공 코너처럼 어떤 시련이 닥치더라도 나아가면서 만나는 슬픔 속의 행복을 우리도 만나보아야지요.

새로 만든 노래의 뮤직비디오를 촬영하기 위해 바닷가를 찾은 주인공과 친구들은 촬영 전 동선에 대해 얘기합니다. 여기서 이렇게 뛰어내리는 척하면 된다고 말한 후 촬영에 들어갑니다. 촬영이 시작되자 라피나는 진짜로 바다에 뛰어듭니다. 수영을 못해 허우적거리는 라피나를 보고 놀란 코너는 뛰어들어 라피나를 구합니다. 코너는 라피나에게 수영도 못하면서 왜 뛰어들었냐고 묻자 라피나는 "우리의 작품을 위해서야! 넌 무엇이든 대충해서는 안 돼!"라고 말합니다(You can never do anything by half). 그 말을 듣고 만든 노래가 바로 'drive it like you stole it'입니다. 훔친 차를 탄 것처럼 달려나가라는 것이지요.

대충 말고 미친 듯이 달려본 적이 있나요?

열심히 달린 덕분에 지금 여러분이 여러분의 자리에 있는 것 아닐까요?

늘 하는 말이 있습니다. 우리가 어떤 일을 하지 못함은 그 일 자체가 아니라 그 일에 임하는 두려움이 집채만 한 파도로 밀려오기 때문이라고요. 그 파도를 좀 타보지 않으렵니까? 라피나가 코너에게 말해준 "무엇이든 대충해서는 안 돼!" 채찍질할 때 상기하는 말입니다. 코너와 라피나는 꿈을 이루기 위해 당장 런던으로 가야겠으니 형에게 항구까지 태워 달라고 부탁합니다. 형은 바로 차에 시동을 겁니다. 영화를 관통하는 메시지인 Happy Sad처럼 삶이 늘 즐거울 수만은 없을 것입니다. 주인공이 타고 떠난 폭풍우 속 작은 배처럼 흔들릴지라도 좌절하지 않고 나아가는 삶이기를 바라봅니다. 영화의 결말 부분에 'Go Now'라는 음악이 삽입되어 있습니다. 떠나야 할지, 말아야 할지를 망설이는 코너와 라피나에게 코너의 형은 더 큰 세계로, 너를 펼칠 수 있는 영국으로 당장 떠나라고 하며 배를 태워 보냅니다. 코너와 같은 꿈을 가지고 있던 형 브렌든은 가족의 상황과 나라의 상황이 맞물려 도전할 수 없었던 인물을 그리고 있습니다. 그런 인물이 과거 자신과 똑같은 입장에 처한 코너를 보면서 당장 떠나라 말하는 장면이 '하고 싶은 것을 해야 한다. 그렇지 않으면 후회한다'는 영화의 주제를 선명하게 보여주고 있지요.

쇼생크 탈출

감독: 프랭크 다라본트

출연: 팀 로빈스, 모건 프리먼, 밥 건튼

은행 부지점장이던 앤디는 그의 아내와 정부를 살해했다는 혐의로 종신형을 선고받아 쇼생크 교도소에 수감된다. 그는 죄수들을 인간 취급하지 않는 그곳에서 강간까지 당하지만 레드와 친해지면서 점차 적응을 해나가고 교도소 간수장의 세금 문제를 해결해주면서 간수장의 신임을 얻게 된다. 그러다가 교도소 다른 간수들의 회계도 관리해주고 교도소장의 돈세탁까지 하게 된다. 어느 날 앤디의 결백을 증명해줄 죄수가 들어오지만 소장은 그를 탈옥범으로 위장하여 죽이고 앤디를 협박하며 놓아주지 않는다. 하지만 앤디는 끝까지 희망을 놓지 않았으며 탈옥에 성공한다. 그는 돈세탁에 사용한 돈과 신분으로 국경을 넘고 신고를 당한 소장은 스스로 목숨을 끊는다. 쇼생크에 수감되어 있던 레드는 앤디가 자신의 미래와 꿈, 희망에 대해 이야기할 때 앤디에게 현실을 직시하라며 화를 냈었다. 앤디가 탈옥한 후, 레드는 출옥을 한 뒤에도 교도소 밖의 생활을 무서워하며 적응하지 못하지만 앤디의 부탁으로 그의 편지를 보고 그를 찾아 떠나고 자신의 희망에 대해 말하며 꿈을 꾼다. 결국 둘은 재회하게 된다.

사람은 무엇으로 변화하고 어떻게 변화하는가?

누군가는 말합니다. 사람은 변하지 않는다고요. 물론 그런 면이 있지요. 하지만 인간은 변화하기 위해 태어났다고 생각해요. 죽을 때까지 그 모양 그대로 살다 가기 위해 태어난 것이 아니라 사람이 변할 수 있다고 생각해요. 사람은 여러 요인으로 변화되어집니다. 어떤 사람은 누군가의 마음으로, 또 어떤 사람은 누군가의 글로, 또 누군가의 지지로 변하게 됩니다. 영화 속 레드는 앤디로 인해 희망을 품게 됩니다. 사람을 바꾸는 것은 사람입니다. 그렇다면 어떻게 변화하는가? 사람이 변화할 때 그의 생각부터 바뀌지요. 어떤 생각이나 의견이 머리로 들어와 자신의 생각이 되고 마음으로 전해져 행동으로 나오는 것이 변화입니다. 만약 어떤 생각이 머리로 전달되어 자신의 생각이 된다 할지라도 행동으로 나오지 않는다면 그것은 진정한 변화가 아니지요. 생각만 변화하는 것이 아니라 행동으로 삶까지 변하는 것이 진정한 변화이지 않을까요?

레드가 희망에 대해 말할 때 어떤 감정을 느꼈나요?

희망이 없던 자가 이제는 희망을 바라며 시에 나올 법한 이야기를 합니다. "태평양이 내 꿈처럼 푸르길 희망한다." 레드가 희망을 말할 때 아름답지 않나요? 그 아름다움이 감동을 넘어서 마음을 벅차오르게 만듭니다. 그가 앉아 있지도 못할 만큼 흥분한 자신을 발견했다고 한 것처럼 관객들 또한 그를 보며 카타르시스를 느꼈을 것입니다. 또 그가 부럽기도 합니다. 지금까지 희망이 크고 대단하고 먼미래에만 있는 것인 줄로 알았습니다. 하지만 레드는 달랐어요. 당장 앞선 미래의 작은 것부터 자신의 희망으로 만들었습니다. 희망을 너무 크게만 생각하고 희망을 갖지 않는다면 부끄러울 것입니다. 레드에게도 희망은 작은 것에서부터 시작되어 눈덩이 굴리듯 커지는 것이었으니까요. 교도소에 있던 레드는 "나는 여기서나 뭐든 구할 수 있는 사람이지 밖에 나가면 뭐부터 해야 할 줄도 몰라. 그렇게 큰 바다라니 무서워서 죽을걸?"이라고 말했었지요. 하지만 앤디를 만나러 가고 자신의 희망에 대해 이야기하는 레드를 보며 희망이 얼마나 아름다운 것인지 우리는 다시 깨닫게 되지요. 레드가 희망이 흥분된다고 말했어요. 이는 자유인만이 느낄 수 있는 것이지요. 희망도 연습이고 수련이라는 생각이 드네요.

무언가에 집착해서 오히려 결과를 망쳐버린 적이 있나요?

레드는 어떻게든 이 지긋지긋한 교도소를 빠져나가고 싶은 마음이 간절했습니다. 그래서 가석방에 상당히 집착하고 신께 맹세한다는 마음에도 없는 소리까지 하는 모습을 보여줍니다. 여러분도 무언가에 집착해서 낭패를 본 경험이 있지 않나요? 시간에 집착하여 친구와의 약속 시각에 늦는 일, 시험을 잘 봐야 한다는 생각에 집착해서 오히려 낮은 시험점수를 받은 일 같은 경우 말이지요. 그런데 가석방될 때의 레드를 보고, 되든 안 되든 상관없다는 마음가짐으로 무언가에 집착하지 않는 것이 오히려 좋은 결과로 이어졌잖아요. 마음을 비울 때 의외로 좋은 결과를 접하는 경험이 있지 않나요? '방하착'이라는 낱말이 있지요. 불교에서 화두로 주로 쓰이는데, 마음속의 집착을 내려놓는다는 뜻입니다. 더 이상 바랄 것이 없을 만큼 완전히 내려놓는 것을 말하는데, 이러한 경지에 이르면 인간의 고통에서 벗어나 자유로워질 수 있다는 것이지요.

우리는 어쩌면 근본적으로 레드와 같지 않을까요?

레드가 마지막 가석방 심사를 받을 때 옛날로 돌아간다면 어린 자신에게 그러지 말라고, 어린 자신을 올바르게 인도하고 싶다는 말을 합니다. 한 치의 실수도 없이 인생을 살아온 사람은 없을 것입니다. 그래서 〈쇼생크 탈출〉의 레드와 우리는 실수도 하고 어떤 잘못된 행동에 대해서는 무지할 수도 있는 똑같은 인간이지요. 레드가 범죄를 저지른 것과 급하다는 이유로 도움이 필요한 사람을 무시하고 지나가는 것과 정도의 차이는 있을 뿐, 그렇다고 우리 자신을 범죄자가 아닌 선량한 시민이라고 말할 수 없지 않겠어요? '또 다른 범죄자'가 우리이기도 하니까요.

앤디처럼 한번 품은 희망을 끝까지 가질 수 있나요?

극 중 희망에 대한 이야기도 대사를 통해 보여집니다. "희망은 위험한 것이다. 희망은 더 큰 절망을 불러온다."라는 레드의 대사가 있습니다. 철학 관련 책 중에 희망과 절망에 관한 내용에 희망은 절망에 대한 공포를 내포하고 절망은 희망을 내포한다는 글이 있습니다. 우리에게 막연한 희망보다는 비관적인 시선이 필요할지 모릅니다. 그렇다면 한번 갖게 된 희망을 끝까지 잃지 않으려고 노력하기보다는 좀 더 비관적으로 생각해도 괜찮겠지요? 역발상의 에너지라고나 할까요? 희망을 멈추지 않고 끝까지 바라볼 때 그 희망은 이루어진다는 말도 있지만요.

20년간 숟가락으로 땅굴을 파고 탈출에 성공하는 순간 비가 내리는 하늘을 향해 팔을 벌리고 기쁨을 만끽하는 장면은 감동입니다. 마지막으로 의미 있는 대사가 있습니다. 주인공 앤디가 국경을 넘을 때 하는 말이지요.

"바쁘게 살든가, 아니면 바쁘게 죽든가"

인생을 낭비하다가 바쁘게 죽는 삶에 대해 생각해 보게 되네요. 자 우리 탈출합시다! 우리 마음속의 감옥으로부터!

벌새

감독: 김보라

출연: 박지후, 김새벽, 정인기, 이승연

독립영화로 전 세계 영화제에서 상을 휩쓸며 한국독립영화로 서는 이례적인 행보를 기록한 작품이다. 쉽게 지나칠 수 있는 여중생의 일상을 주제로 그렸다는 점이 이 영화만의 미덕이 라 할 수 있겠다. 그리고 개인의 일상이 국가적인, 사회적인 사건과 어떻게 연결되어 있는지에 초점을 두고 이야기를 풀 어냈다는 호평을 받았다. 감독은 은희의 절망과 우울, 불안을 그리고자 하였다. 그런 억압 속에서도 은희가 얼마나 자유로 움을 열망하는지, 어떻게 사람들과 소통하고자 노력하는지 보여주고 싶었다고 인터뷰에서 밝혔다.

14살 은희는 만화 그리기를 좋아하는 평범한 소녀다. 방앗간 을 하는 가부장적인 아버지와 그런 아버지에 눌려 사는 엄마, 공부 잘하는 장남으로서 부모의 기대가 부담스러운 오빠와 말썽을 피워 가족의 걱정을 안고 사는 언니랑 대치동에 있는 작은 아파트에 살고 있다.

공부는 못하지만 자신을 아껴주는 남자친구와 함께 있으면 즐거운 친구도 있다. 폭력적인 오빠와 자신을 좋아하는 후배 도 있다. 그러던 은희의 일상에 한문 선생님 영지가 나타난다. 은희에게 처음으로 관심을 가져주는 어른이다. 은희는 자신 이 느끼는 슬픔과 생각들을 영지와 공유하며 그녀에게 많이 의지한다. 어느 날부터 귀밑이 불편했던 은희는 귀밑 혹을 제

거하는 수술을 받게 되고 퇴원 후 영지를 찾아가지만 영지는 한문학원을 이미 그만둔 상태였다. 그래서 직접 영지의 집에 찾아가게 되는데 그때 영지는 이미 성수대교 사건으로 숨진 뒤였다. 은희는 그럼에도 계속 살아가는 장면으로 영화는 끝이 난다. 감독의 바람대로 <벌새>는 시대를 통해 현재를 돌아보고 우리의 지금을 소환하는 영화가 되었다.

내가 나를 싫어한 적이 있나요?

내가 나를 사랑하기보다 이런 내가 싫다~ 그런 적이 종종 있지 않나요? 자신을 좋아하는 일은 쉽지 않은 일이기도 하지요. 자신의 미흡한 점이 먼저 보이고 실수가 먼저 파악되니까요. 선을 넘거나 질척거리는 행동을 했을 때도 싫어지지요. 그래서 스스로에게 관용을 베풀 필요가 있을 때도 있지요. 내가 싫은데 다른 사람에게 감정을 전가해서 짜증을 내거나 화를 내지는 않는지요. 만약 그렇다면 더더욱 자신이 싫어지기 시작해서 자존감이 바닥으로 떨어질 수 있어요. 그럴수록 마음의 평정을 찾아 객관적으로 문제를 바라보면 어떨까요?

자신이 싫어질 때 어떤 행동과 생각을 하나요?

보통 회피형 인성 유형의 경우에는 벌떡 누워 자버린다고 해요. 스스로에게 화를 내고 욕도 하다가 갑자기 아무 생각 없이 누워 자신을 방치한 적은 없나요? 일명 멍 때리기 식으로 말이지요. 괜찮아질 때까지 멍하니 있어 보는 겁니다. 괜찮아질 때까지 멍하게 있는 게 좋다면요.

자신이 싫어진다는 그런 싫어짐 때문에 충동적으로 행동을 하면 후회하기 십상이지요. 평정심을 유지하도록 기다린 다음에 스스로를 다독거려보면 어떨까요? 말처럼 쉽지는 않겠지만요. 내가 나를 사랑해야 남도 나를 사랑한다는 말이 있잖아요. 내가 나일 때, 내가 나를 사랑하는 때 아닐까요?

사랑한다면 용서도 할 수 있지 않을까요? 내가 나를 용서하는 것입니다. 인간은 믿음의 대상이 아니라 이해와 사랑의 대상이라면 내 스스로를 이해하고 사랑하고 용서하는 일은 나를 괜찮은 사람으로 만들어가는 과정이 아닐까 그런 생각을 해보게 되네요.

나는 누군가에게 영지 같은 사람인 적이 있었나요?

영지처럼 누군가의 위로가 필요할 때, 혹은 의지할 사람이 필요할 때 만나서 안아줄 수 있는 사람이 곁에 있다면 삶의 위로가 될 것입니다. 가끔은 그냥 아무 말 없이 안아주는 것이 최고의 위로가 될 때도 있으니까요. 사람 때문에 상처받다가도 사람한테 위로받는 것 또한 살아가는 일 아니겠어요. 은희는 가부장적 억압에도 불구하고 영지 선생님을 만나 성장할 수 있었습니다. 영지를 기대하기보다 누군가의 영지가 되어주지 않겠어요? 수많은 영지가 주변에 있다면 살만한 세상이 되겠지요. 요란하지 않고 조용히 사랑의 나무가 그렇게 자라고 있다는 생각만 해도 훈훈해집니다. 따뜻한 봄 햇살 같은 그런 사랑이 곳곳에 펼쳐지기를 소망해봅니다. 영화 제목 〈벌새〉의 벌새는 희망과 사랑, 절대 포기하지 않는 근성, 생명력, 자생력 같은 것들을 상징한다고 합니다.

굿 월 헌팅

감독: 구스 반 산트

출연: 맷 데이먼, 로빈 윌리엄스, 벤 애플렉

"네 잘못이 아니야(It's not your fault)"는 <굿 윌 헌팅>의 명대사다. 이 영화는 많은 사람들이 죽기 전에 꼭 봐야 할 영화로 추천하는 작품이다. 맷 데이먼이 하버드대학교 재학 중에 썼던 50페이지 분량의 단편소설을 바탕으로, 친구 벤 애플렉과 합심해 각본을 완성했다고 한다. 제70회 아카데미상 9개 부문 후보에 올라 맷 데이먼과 벤 애플릭이 각본상을, 로빈 윌리엄스가 남우조연상을 수상했다. 지금은 고인이 된 배우 로빈 윌리엄스는 이 작품에서 윌에게 진심을 갖고 다가가는 숀 맥과이어 교수의 모습을 표현하며 주옥같은 명대사들을 남겼다. 가시 돋친 말로 남에게 상처를 주는 윌은 사실 아버지의 폭행과 여자친구와의 이별 등 모든 것이 자신의 잘못에서 비롯된 것이 아닐까 하는 두려움을 숨기고 있었다. 그런 윌에게 "네 잘못이 아니야!"라고 여러 번 이야기하는 숀 교수와 처음엔 "나도 알아요."라고 아무렇지 않은 척했던 윌이 끝내 숀을 끌어안고 어린아이처럼 우는 장면은 명배우 로빈 윌리엄스와 함께 오래도록 기억될 것이다.

보스턴의 빈민가에 거주하면서 매사추세츠공과대학에서 청소 일을 하지만 천재적인 두뇌를 갖고 있는 청년 윌 헌팅. 어려서부터 기구한 삶을 살면서 거칠고 반항적이며 냉소적이다. 그의 천재성을 발견한 램보 교수의 권유로 심리학 교수 숀 맥과이어와 주기적으로 상담을 하게 된다. 숀은 양아버지의 학대와 빈곤 속에서 마음의 문을 닫아 버린 윌을 관찰하면서 그의 상처받기 쉬운 여린 마음을 알아챈다. 윌에게 깊은 애정을 느낀 숀은 자신의 상처까지 내보이며 윌에게 살아가는 데 필요한 지혜를 가르쳐 준다. 그런 과정을 거쳐 윌이 내면의 아픈 상처를 극복하고, 사랑을 찾아 떠나는 이야기다.

사람들은 관계를 통해서 치유를 얻고, 고독을 통해서 자유를 얻는다 한다. '자유롭지만 고독하다'라는 프랑스어가 있다. 'Etre libre mais solitaire' 늘 외로움과 소외 속에서 소통을 거절하고 불안정한 삶을 보내온 윌 헌팅이 숀 교수를 만나 변화하는 원동력을 영화에서 만날 수 있다.

윌의 친구들은 윌을 위해 타인과 맞설 정도로
진한 우정을 보여주는데요.
과연 내게도 그런 친구가 있나요?
그리고 나도 그런 친구가 되어줄 수 있을까요?

윌의 베스트 프랜드는 척입니다. 척은 윌과 함께 빈민가에서 태어난 소년으로, 의리가 남다른 친구입니다. 누구보다 윌의 가능성을 잘 알고 있고, 친구로서 그가 성공하기를 간절히 바라지요. 척은 매일 아침 윌을 데리러 그의 집에 가는데요. 영화의 후반부에서 척은 방황하는 윌에게 "매일 아침 너희 집 초인종을 누르며 네가 이곳을 떠났길 바래!"라는 말을 합니다. 이는 윌이 빈민가를 떠나 성공하길 바란다는 뜻을 내포하고 있지요. 그가 얼마나 윌을 생각하는지 알 수 있는 장면입니다. 한 대학생이 운동권동아리에 들어가려고 했는데 절친한 친구가 정작 반대해서 못 들어갔답니다. 그것이 상처로 남았는데 시간이 흐른 후 깊은 우정인 것을 알았다고 해요. 험난한 사회운동가로 살게 하고 싶지 않은 우정이었지요. 이렇게 친구는 가족 못지않게 삶에 커다란 영향을 미칩니다. 운명공동체라고 할 수 있지요. 헨리 데이비드 소로는 '나를 이해하지 못하는 사람이 나를 사랑하는 게 무슨 의미가 있겠는가? 그런 사랑은 저주나 다름없다.'고 했습니다. 나를 판단하기보다 무조건적으로 이해하고 지지해주는 친구가 있다면 어떤 역경이 와도 버틸 수 있을 것만 같네요. 그런데 내가 먼저 손 내밀어 그런 친구가 되어줌도 복 짓는 일이겠지요.

자책하는 대신에 스스로에게
'네 잘못이 아니야'라고 말해줄 수 있나요?

의지하고 믿었던 사람으로부터 받은 상처는 심장을 다치게 하지요. 그러나 상대가 무시하든 뭐라 하든지 내 속의 심지가 있다면 자존감이 있는 사람이지요. 이런 사람은 부서져도 두렵지 않아요. 타인이 아니라 나 때문에 내가 상처받고 있지는 않나 돌아봅니다. '내가 나를 의심하게 되면 세상을 향한 심장박동이 엇박자로 계속된다.'고 어떤 작가가 글을 썼더군요. 내가 나를 갉아먹는 일이지요. 타인으로부터 받은 상처 이상의 아픔이 자책으로 밀려오지 않기를 바라봅니다. 나를 안아주는 위로는 상처 부위에 붓는 소독약이 아니라 내 심장에 전하는 온기라지요? '우울할 수도 있지만 자책 하나만은 하지 마세요.'라는 시 구절이 있어요. '내가 이렇게 하지 않았다면 ~ 한 일은 없지 않았을까?' '나 때문에 이런 상황이 온 게 아닐까?' 하는 자책들이요. 난 나에게 위로받고 싶습니다. 과거의 나에게 말해주어요. '내 잘못이 아니다.'라고 말해줍시다. 모두가 나의 잘못이라 손가락질한다고 해도 나 자신만큼은 나를 믿고 'It's not my fault!'라고 말해준다면 난 참으로 기쁘고 감사할 것입니다. 그래서 〈굿 윌 헌팅〉은 성장의 플롯을 기반으로 한 작품입니다.

중요한 결정을 내려야 하는 순간이 왔을 때,
좋은 선택을 내릴 수 있나요?

때로 우리는 선택을 해야 하는 순간에 나를 위한 선택, 바른 선택보다 남들의 눈치 보기에 급급하여 내가 싫더라도 남에게 맞춰주기 위한 선택을 하지는 않았는지요. 중요한 선택만큼은 나 스스로를 위하여, 망설임도 후회도 없는 선택을 해보지 않을래요? 윌의 그녀 스카일라는 매력적인 캐릭터입니다. 사랑을 쟁취하는 데 있어서도 망설임이 없었습니다. 술집에서 친구 척을 돕는 윌에게 적극적으로 접근하여 애인으로 만드는 데 성공합니다. 하지만 거짓투성이인 윌에게 점차 실망하고 그에게 진실된 모습을 보여 달라며 눈물로 호소하게 되지요. 잘 보이고 싶어서 거짓투성이가 된 윌과는 달리 자신의 모든 것을 진솔하게 숨김없이 보여주는 스카일라가 대조적으로 잘 표현되었습니다. 영화의 마지막 부분에서 윌은 차를 타고 스카일라를 찾아 떠납니다. 그가 스카일라를 만났는지는 나오지 않았으나, 밝은 그의 표정이 선택에 후회가 없다는 것을 보여주지요. 눈치 보지 않은 선택, 자신의 마음이 움직이는 대로 실천하면 최고의 선택 아닐까요?

써니

감독: 강형철
출연: 유호정, 진희경, 고수희, 홍진희

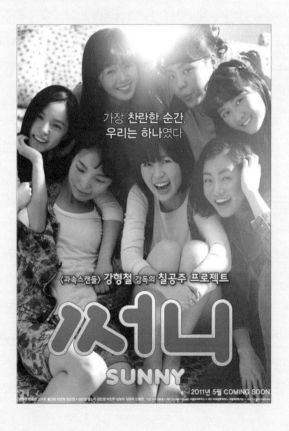

일명 '칠공주 프로젝트'라는 별칭이 붙은 국민영화 <써니>는 일본에서도 리메이크되어 유명배우 시노하라 료코, 히로세 스즈가 주연을 맡았다. 우리 영화 줄거리를 옮겨본다. 전라도 벌교에서 온 전학생 나미는 긴장하면 터져 나오는 사투리 탓에 첫날부터 날라리들의 놀림감이 된다. 이때 범상치 않은 포스의 친구들이 어리바리한 그녀를 도와주는데… 그들은 진덕여고 의리짱 춘화, 쌍꺼풀에 목숨 건 못난이 장미, 욕배틀 대표주자 진희, 괴력의 다구발 문학소녀 금옥, 미스코리아를 꿈꾸는 사차원 복희 그리고 도도한 얼음공주 수지. 나미는 이들의 새 멤버가 되어 경쟁그룹 '소녀시대'와의 맞짱 대결에서 할머니로부터 전수받은 사투리 욕 신공으로 위기 상황을 모면하는 대활약을 펼친다. 일곱 명의 단짝 친구들은 언제까지나 함께하자는 맹세로 칠공주 '써니'를 결성하고 학교축제 때 선보일 공연을 야심 차게 준비하지만 축제 당일, 뜻밖의 사고가나서 뿔뿔이 흩어지게 된다. 그로부터 25년 후, 잘나가는 남편과 예쁜 딸을 둔 나미의 삶은 무언가 2프로 부족하다. 어느 날 '써니짱' 춘화와 마주친 나미는 재회의 기쁨을 나누며, '써니' 멤버들을 찾아 나서기로 결심하는데… 가족에게만 매여있던 일상에서 벗어나 추억 속 친구들을 찾아 나선 나미는 그 시절 눈부신 우정을 떠올리며 가장 행복했던 순간의 자신과 만나게 된다.

당신의 '써니'는 무엇인가요?

이 영화의 '써니'는 자신들만의 추억을 회상하는, 혹은 그 순간을 즐겁고 행복하게 해주는 단어입니다. 어떤 사람의 삶에 있어서 '써니'는 편안한 안식처인 가족이 될 수도 있고, 그들의 곁에서 항상 함께하는 친구가 될 수도 있으며, 지금 자신이 열정적으로 하고 있는 일이나 취미가 될 수가 있지요. 이렇게 다양한 의미가 부여될 수 있는 '써니'는 '어릴 적'이라고 말하고 싶은 사람도 있을 것입니다. 어릴 적 무언가를 해야 한다는, 대단하고 중요한 일을 이루어야 한다는 것이 그저 잠자리를 잡거나, 개울가에 가서 송사리를 많이 잡는 것이었을 수도 있고요. 아무런 부담감 없이 내 본능이 이끄는 대로 살았던 때가 지금 이 순간을, 혹은 그때 그 시절을 회상하고 모든 순간들을 즐겁고 행복하게 해주는 단어가 아닐까요.

당신에게 '친구'란 어떤 존재인가요?

'새를 날게 하는 힘과 같은 것이 우정이다. 우정은 친구를 흙먼지로부터 일으켜 세워 준다.'는 말이 있습니다. 이렇게 삶에 있어서 친구라는 존재는 모든 것이 가능하고, 가능케 하는 존재이지요. 즐거운 일이 있거나 슬픈 일이 있을 때에 감정을 공유하는 편안한 마음의 안식처가 되어 주고요. 각자 하고 있는 일에 대해서 격려하고 응원해주는 디딤돌이 되었다가 정말 편하게 아무 때나 밥 한 끼 할 수 있는 맛 좋은 반찬이 되어주기도 합니다. 꼭 또래 친구만이 친구는 아니지요.

우리는 살아가면서 여러 형태의 친구를 만나고, 관계를 유지하지요. 삶이 쓸쓸하게 느껴지고 사람들 속에서 상처받고 있다는 생각이 들 때, 언제든 찾아가도 용납이 될 것 같은 친구는 인생길의 길벗 아니겠어요? 시간과 공간을 초월하는 존재가 친구 아닐까요. 일 년에 한 번을 보아도 금방 친밀해지고 공감대를 형성할 수 있는 사람이 있지요. 보지 않아도 SNS상에서 친밀감을 느끼기도 하고 가족이나 친구처럼 지내기도 하니까요. 때로 흐트러지려는 자신을 정화시켜 주는 친구가 그대에게도 존재하기를 바라봅니다. 사람만이 아니라 영화가 그리고 문장이 그런 친구가 될 수도 있으니까요. 그대의 곁에 함께 울고 웃는 '써니'멤버들 같은 친구들이 많아서 외롭지 않기를! 그런 친구들은 만나면 서먹하지 않고 같이 있는 순간순간마다 즐거울 것입니다. 내 모든 것을 보여주어도 실망하지 않을 그런 친구 말입니다. 내가 가진 것을 모두 잃어도 옆에 있어 주는 친구가 그런 친구 아닐까요?

인터스텔라

감독: 크리스토퍼 놀란

출연: 매튜 맥커너히, 앤 해서웨이, 마이클 케인

상업성과 예술성을 동시에 확보한 감독이자 상업영화의 새로운 경지를 창조한 거장으로 인정받고 있는 크리스토퍼 놀란 감독의 작품이다. 영화를 빛나게 해준 한스 짐머의 음악을 들어보면 이 영화의 훌륭함에 배경음악, 음향이 차지하는 비중이 상당히 높다는 사실에 공감할 것이다. <인터스텔라>의 OST 'First Step'은 오르간 연주이다. 웅장하고 신비한 음색이다, 형용할 수 없는 거대한 우주를 표현하는데 오르간이라는 악기 소리가 절묘하다. 각본을 집필한 조나단 놀란은 수년 동안 상대성 이론과 웜홀(우주에서 먼 거리를 가로질러 지름길로 여행할 수 있다고 하는 가설적 통로)에 대한 공부를 하며 시나리오 작업에 매진하였다고 한다. 우주에 우리가 상상할 수 없는 또 다른 차원의 비밀이 있을 수 있다는 상상에서 출발한 것이다. '인터스텔라'라는 말은 '행성 간의'란 뜻이다.

세계 각국의 정부와 경제가 완전히 붕괴된 미래가 다가온다. 지난 20세기에 범한 잘못이 전 세계적인 식량 부족을 불러왔고, NASA도 해체되었다. 이때 시공간에 불가사의한 틈이 열리고, 남은 자들에게는 이곳을 탐험해 인류를 구해야 하는 임무가 주어진다. 사랑하는 가족들을 뒤로 한 채 인류라는 더 큰 가족을 위해, 그들은 이제 희망을 찾아 우주로 가는 스토리다.

잘 만든 우주 SF영화지만 결국은 사랑이 주제라고 생각한다. 인생과 사랑의 메타포가 묵직하게 실린 작품이다.

영화 도입부에 황사로 뒤덮인 세상에서 자신을 보호하는 방법으로 마스크를 쓰고 보안경을 쓴 사람들이 보인다. 코로나 시대와 다를 바 없다. 미래 기후변화와 식량난이 배경인데 지금 우리의 현실도 풍족한 지구인 것 같지만 아프리카 등에서는 식량난으로 허덕이고 있다. 우리도 언젠가는 지구 외의 행성을 찾아야 하는 때가 올까? 그런 상상은 행복하지가 않다. 이제부터라도 더욱 살만한 지구를 만들기 위해 인류가 함께 노력하는 편이 낫겠다.

마음이 시키는 것은 무엇인가요?

영화에서 쿠퍼(매튜 맥커너히)와 아멜리아(앤 해서웨이)는 각각 엔지니어와 과학자이지만 이론적 계산이나 논리보다 결국에는 마음이 시키는 대로 하지요. 그래서 이 영화의 핵심어는 사랑이라고 봅니다. 영화에서도 '사랑은 인간이 발명한 것이 아니고 강하고 관찰이 가능한 것'이라

했어요. 머피의 책장에서 한 권씩 떨어지는 책들의 비밀은 아버지의 간절한 사랑의 신호였어요. 블랙홀 안에서 보내온 모스 부호. 그것은 시간과 공간을 초월한 과학 이전에 사랑이라는 감동을 주네요. 사랑만이 할 수 있는 힘, 어쩌면 신의 마음을 움직일 수도 있고 우주를 움직일 수도 있으며 수수께끼를 풀 수 있는 열쇠이기도 하지요. 아멜리아가 말했지요. "우린 어쩌면 이걸 이론만으로 이해하려고 오랜 시간을 쓴 걸지도 몰라. 사랑이 시공을 초월하는 유일한 것이란 걸 말이야." 마음이 시키는 것이 사랑이고 선한 생각과 행동만이 그 사랑의 힘을 발휘하게 하지요. 데이터는 결국 인간을 이해하기 위한 도구이고, 그 마음을 읽고 이해하는 과정에서 유의미하게 진일보하는 세상 모든 흐름의 총량으로 존재한다고 한다면 우리는 연대하여 선한 영향력을 끼치면서 지속적이고 진정성 있게 삶을 살아가야 할 것입니다. 아멜리아가 말합니다. "아무리 진짜 같아도 가짜는 가짜야!"

죽음을 앞두면 무엇을 볼 것 같은가요?

영화에 나오는 대사를 보게 되면 죽음을 앞두면 무엇을 볼 것 같으냐는 질문에 바로 자식들의 얼굴이라고 합니다. 무조건 더도 말고 덜도 말고 가족이 생각날 수밖에 없는 것이지요. 차원이 다른 세계에서 딸을 보는 아버지는 죽음을 피하기 위해 발버둥 치고 오열하였습니다. 쿠퍼가 딸 머피에게 '가지 마!!!' '날 보내지 마! 머피야!!' 심금을 울리는 장면이었지요. 5차원의 세계에서도 3차원의 세계에서도 블랙홀에서도 가족의 사랑은 분명 존재한다는 위대한 사실을 영화를 볼 때마다 새롭게 느끼게 되네요. 죽음을 앞두고 죽음 너머의 세계에서 신호를 보내줄까요?

.

부모가 된다면 아이에게 무엇을 말해줄 것 같나요?

영화에서는 부모가 되면 자식에게 세상이 망한다고 말할 수는 없다고 합니다. 아무리 절망적인 상황에서도 부모는 자식에게 희망 같은 것은 없다고 말하지 못할 것 같지 않나요? 그리고 스스로는 절망해도 자식을 위해서라면 실낱같은 희망의 끈을 놓지 않고 모색해볼 것 같습니다. 시간과 공간을 왜곡해서라도 말이지요. 내가 죽고 자식이 산다면 기꺼이 죽을 수 있는 사람이 부모 아니겠어요? 그리고 기독교적 표현이 이 영화에 많이 있습니다. 예를 들어 배신자 Dr.만(멧 데이먼)을 예수님을 판 유다로 비유하기도 해요. 결혼하지 않은 만 박사가 쿠퍼에게 그러지요. "자네가 죽음을 앞두면 뭘 보게 될 것 같은가? 바로 자식들의 얼굴이야. 죽음을 맞는 순간에도 더 악착같이 살려고 하겠지. 자식들을 위해서..."

주인공 쿠퍼가 우주의 어둠을 직시하고 그것을 돌파하려고 하는 장면에서 시가 나옵니다. 한 번은 딸 머피와 재회를 위해 지구로 돌아가기로 작정하고, 또 한 번은 그 목적을 위해 통과해야 하는 우주의 모든 빛을 삼키는 중성자 기둥인 블랙홀을 삼키는 장면에서 이렇게 두 번 나오는 시를 여기 옮겨봅니다. 딜런 토마스의 시입니다. 아버지의 죽음을 앞두고 시인이 지었다고 합니다.

죽어가는 빛에 분노하고 분노하세요.
현명한 자들은 빛의 끝에 어둠이 오는 것이 옳은 것을 알지만 그들의 말은 우리에게 어떤 감명을 주지 못했습니다.

순순히 어둠 속으로 가지 말아요.

벤자민 버튼의 시간은 거꾸로 간다

감독: 데이빗 핀처
출연: 브래드 피트, 케이트 블란쳇, 줄리아 오몬드

이 영화는 벤자민의 연인이었던 데이지와 그들의 딸 캐롤라인의 내레이션으로 이야기가 이어져간다. 1918년 제1차 세계대전 말에 80세의 외모를 가진 아이가 태어나는데, 이 아이의 이름은 벤자민 버튼. 그는 태어나자마자 부모에게 버려져 양로원에서 노인들과 함께 지낸다. 그리고 시간이 지날수록 젊어진다는 것을 알게 된다. 12살에 60대의 외모를 가지게 된 벤자민은 어느 날 6살 소녀 데이지를 만난다. 그는 자신이 늙지 않았다는 비밀을 공유하며 데이지와 친해진다. 그러다 벤자민이 청년의 나이가 되고 일하기 위해 고향을 떠난다. 벤자민은 다양한 경험을 하게 되고 데이지도 무용수가 되어 뉴욕에서 활동한다. 그 사이 벤자민과 데이지는 몇 번이나 각자의 사정으로 엇갈리게 된다. 그러다 고향에 돌아온 그들은 그제야 서로 사랑하며 함께하게 된다. 둘은 행복한 나날을 보내던 중에 아이가 생기고 벤자민은 고민이 많아진다. 점점 늙어가는 데이지와 반대로 젊어져 가고 있는 벤자민. 결국 그는 그녀에게 함께 늙어갈 사람을 찾으라며 모든 재산을 남긴 채 떠나고, 데이지는 그를 잡지 못한다. 시간이 흐르고 데이지에게 전화가 걸려온다. 그녀는 소년의 모습이 된 벤자민이 요양원에 있다는 소식을 듣게 된다. 벤자민은 치매 초기증상으로 하루하루 기억을 잃어가고 있고 데이지는 그를 보살피기 위해 매일 요양원을 찾아오다가 그가 더 어려져 버린 후에는 그와 함께 생활하게 된다. 그러다 갓난아이의 모습이 된 벤자민은 그녀의 품에서 눈을 감고 생을 마감한다. 캐롤라인에게 이 이야기를 모두 들려준 데이지도 병원에서 눈을 감으며 끝이 난다. <위대한 개츠비> 작가로 유명한 스콧 피츠제럴드의 원작소설을 각색한 작품이다.

벤자민처럼 노화가 거꾸로 진행된다면
어떤 삶을 살 것 같나요?

쓸쓸한 삶을 살 것 같지 않나요? 데이지 같은 사람을 만나기는 쉽지 않은 일이니까요. 또래 친구 없이 나이와 맞지 않는 사람들과만 지내야 하는 상황은 참으로 난감하고 매우 고독할 것만 같네요. 부모, 친구를 포함해 소중한 이들이 늙어서 죽어가는 과정을 자신만 공유할 수 없다면, 시간이 거꾸로 흐르듯 자신만 젊어져 간다면 어떤 기분일까요? 그래도 나이와 외관이 비슷해진 40대에는 자신감을 찾을 것 같네요. 겉모습은 20대이고 실제 나이는 60대일 때는 오히려 살아온 연륜에서 나오는 말재주로 닥치는 대

로 연애를 하고 다닐 수 있지 않을까라는 생각은 상상만
해도 재미있지 않아요? 건전하지 못한 것일까요? 그리고
어린아이 모습인 노년이 되면 결국 어린이나 치매가 온 노
인이나 겉모습만 다를 뿐 크게 다르지 않다는 것을 말하는
것만 같지 않나요? 성형수술을 통해서 인위적으로 어려
보인다고 해서 과연 정말 어린 것일까 그런 생각도 해보게
되네요. 〈벤자민 버튼의 시간은 거꾸로 간다〉는 소설로 읽
어도 좋습니다. 친구들과 어울릴 어린 나이에 노인들 속에
서 고독을 배우는 삶, 고독에 익숙해질 늙은 나이에 사람
들 속에서 젊음을 느끼는 삶에서 이 작품이 현대인들에게
주는 깨달음은 무엇일까요? 아마도 세월의 흐름에 따른
모습이 중요한 게 아니라, 어떻게 사느냐가 중요한 것임을
일깨워주는 것이 아닐까요.

운명을 바꾸고 싶은 순간이 있나요? 바꿀 수 있을까요?

벤자민의 운명은 기구하다 할 수 있지요. 우리는 때로
운명을 바꾸고 싶어서 상상의 나래를 펴기도 하고 로또복
권 당첨을 꿈꾸기도 합니다. 후회하며 시간을 거꾸로 바꾸

고 싶어 하기도 하지요. 그러나 우리는 영화에서도 운명을 바꿀 수 없음을 봅니다. 왜냐하면 데이지가 신발 끈이 끊어진 친구를 기다리지 않고 먼저 갔다고 해도 다른 상호작용을 통해 결국은 다리를 다쳤을 거라는 생각이 들지 않나요? 그 이유는 영화에서 벤자민을 외적으로만 거꾸로 가는 것을 표현한 것이 아니라 태어나서부터 죽음까지 설계된 운명을 각본대로 거꾸로 살아간다는 의미라고 생각되니까요. 그래서 우리도 결국은 벤자민과 같이 삶의 상호작용을 통해 운명대로 살게 되는 것이라는 겁니다. 운명이 아니고 상황일 때는 우리가 어떻게 대처하고 노력하느냐에 따라 물론 달라지고요. 바꿀 수 있는 것은 바꾸고 바꿀 수 없는 것은 받아들이며 사는 수밖에 없지 않을까요?

당신의 몸과 마음의 시간은 몇 살의 삶을 살고 있는지요?

현실의 나이와 신체나이를 비교해주는 의학적 검사가 있어요. 그런데 마음의 시간을 계산해주는 검사는 글쎄요. 실제 나이는 20대이지만 몸의 시간은 20대가 아닐 수 있지요. 수업과 과제 하느라 앉아 있는 시간이 많고 아르바이트를 병행하다 보니 수면시간이 부족하고 서 있는 일이 많아서 20대 몸이 아닌 경우도 있겠지요. 그렇다면 마음의 시간은 몇 살일까 그런 생각을 해보게 되네요. 여름의 빛나는 태양 같고 찬란한 초록빛 같은 20대인지? 미래에 대한 걱정과 건강에 대한 염려로 훨씬 나이든 마음의 시간은 아닌지요. 그런가 하면 공원 산책길에서 본 정장을 단정하게 차려입은 노부부가 독서를 하고 있는 모습을 보면 그분들의 몸과 마음의 시간은 현실의 시간보다 훨씬 젊으실 것 같다는 생각을 해보게 됩니다.

지금 지구 나이 몇 살일지라도 친구들과 맛집을 찾아다니거나 카페에서 얘기하며 노는 시간을 즐긴다면 마음의 시간은 10대일 것입니다. 인생은 달리는 말을 문틈으로 보는 것이라 했어요. 누군가의 삶이 누군가의 무심한 목소리나 한두 문장으로 요약될 수 없듯이 시간 역시 각자의 시간이 따로 있지요. 그래서 가장 객관적이면서도 주관적인 것이 시간이 아닐까 그런 생각을 하게 되네요.

당신이 생각하는 '자랑스러운 삶'이란 무엇일까요?

각자의 가치관에 따라 다르겠지만 자랑스러운 삶이란 삶 그 자체를 사랑하는 삶이 아닐까요? 어떠한 것을 사랑하게 되면 그것을 아껴주고 잘해주고 싶어집니다. 자신의 삶을 사랑한다면 본인이 살아가는 행동방식, 생각, 환경 등을 바르게 가꾸고 그것이 곧 나 자신에게 자랑스러운 삶이 될 것입니다. 삶이란 남에게 자랑스러울 필요 없이 자신을 위한 것이니까요. 스스로를 믿고 스스로에게 자랑스러운 삶이 가장 자랑스러운 삶이지요. 상대의 평가가 아니라 내 속의 심지를 잘 가꾸어 나간다면 다른 사람의 판단에 일희일비하지 않고 당당하면서도 겸손하지 않을까요.

"가치 있는 것을 하는 데 있어서, 늦었다는 것은 없단다. 하고 싶은 것을 시작하는데, 시간의 제약은 없단다. 넌 변할 수 있고 혹은 같은 곳에 머무를 수도 있단다. 규칙은 없는 거니까. 무엇에 대해 최고로 잘할 수도 있고, 최고로 못할 수도 있지. 난 네가 최고로 잘하기를 바란단다. 그리고 너를 자극시키는 뭔가를 발견해내기를 바란단다. 서로 다른 시각을 가진 많은 사람들을 만나보기를 바란단다. 전에는 미처 느끼지 못했던 것들을 느껴보

기를 바란단다. 네가 자랑스러워하는 인생을 살기 바란단다. 이
게 아니다 싶으면, 처음부터 다시 시작할 수 있는 강인함을 가지
길 바란다."

-The Curious Case Of Benjamin Button

세 얼간이

감독: 라지쿠마르 히라니

출연: 아미르 칸, 마드하반, 셔먼 조쉬, 보만 이라니

<세 얼간이>는 매해 1000편 이상의 영화를 제작하는 유일한 나라, 인도에서 제작되었다. 발리우드의 최대명작이라는 평가를 받고 있다. 인도의 영화시장은 기네스북에 등재될 정도로 유명하다. 영화의 공간적 배경은 천재들만 갈 수 있다는 ICE 공대이다. 주인공들은 각자의 이유를 가지고 대학에 오게 된다. 사진작가가 되고 싶지만 아버지가 정해준 꿈을 이루기 위해 대학에 온 파르한과 가난한 집안을 일으키기 위해 대기업에 취직해야 하는 라주와는 달리 평범함을 거부하고 자신이 하고 싶은 일을 실행으로 옮기는 란초가 등장한다. 이들은 룸메이트로 만나며 우정을 쌓아간다. 성적을 강요하는 학교 측의 주요 인물인 교수는 파르한과 라주에게 란초와 같이 다니지 말 것을 요구하고, 이들은 멀어지게 된다. 그러나 라주 아버지의 건강이 좋지 않을 때 적극적으로 도와주는 모습을 보고 다시 마음의 문을 연다. 3명의 주인공은 영화에서 크고 작은 사고를 치지만, 결정적인 사건인 시험지를 훔치다 걸리게 되고 결국 라주는 퇴학통지서를 받는다. 충격으로 인해 건물에서 뛰어내리는 극단적 선택을 감행한 라주는 긴 시간 병원에 머물고 파르한은 진짜 꿈을 향해 찾아간다. 교수는 아이들이 졸업을 하지 못하게 온갖 방해 공작을 펼치지만, 교수의 첫째 딸의 아이 출산 과정에서 그들을 인정하게 된다. 졸업 후

종적을 감춘 란초를 찾아 떠나는 친구들 앞에 란초가 부유한 정원사의 아들이었다는 사실이 밝혀지고, 그가 진정 원하는 일을 해서 부와 명예를 얻었음을 알게 된다. 파르한과 라주도 자신들이 사랑하는 일을 하면서 행복하게 지낸다.

란초는 결과보다 과정을 즐겼다.
당신은 결과와 과정 중 어느 쪽을 더 중요하게 생각하나요?

란초는 자신이 사랑하는 일을 해왔어요. 그러다 보니 결과도 좋게 나온 것 같네요. 결과를 위해 과정을 밟고 있으면 의무감이나 책임감에 짓눌려서 자유롭지 못할 때가 있을 것입니다. 과정을 즐기지 못하니 피로감이 누적되기도 하고요. 정말 내가 원하는 것이 무엇인지를 성찰해보고 과정을 즐기는 기준을 세워보는 것은 어떨까요? '버릴 경험은 없다'고 해요. 진정으로 하고 싶은 일이라면 란초처럼 주위의 시선에 흔들리지 않고 스스로 판단에 의해서 진정한 나의 삶을 살아보기 어때요? 대가가 없는 일은 없고, 위험이 없는 대가가 없다고 생각해요. 과정이 있어야지 그에 합당한 결과가 나오는 거 아닐까요? 사람이 할 바를 다하고 나머지는 신에게 맡겨버리는 것입니다. 결과를 갖고 싶다면 과정도 갖고 싶어야지요. 그것이 과정도 즐기는 자세가 아닐까요? 지금 당신은 스스로 원하는 일을 하고 있나요? 전적으로 진실한 과정이 현재 속에서 행복과 기쁨이 넘치는 상태를 돕는 도구들이기를 소망해봅니다.

라주는 두려움 때문에 자신을 한계 지었다.
당신의 두려움은 무엇인가요?

'생각한 대로 살지 않으면 사는 대로 생각하게 된다'라는 말이 있지요. 사는 대로 생각하는 것이 곧 평범함 아닐까요. 평범함을 비하하는 것이라기보다 그냥 되는대로 살면 진부하고 재미없지 않을까요. 라주처럼 온몸이 부서져본 적이 있나요? 두려움을 만나주다 보면 두려움 그 자체가 원동력이 되기도 할 것입니다. 위험을 감수해도 되잖아요. 세 얼간이처럼요. 행복과 불행은 환경에 좌우 되는 것이 아니라 삶 속에서 만들어지는 것이 아닐까요. 인생에서 가장 중요한 가치는 신뢰와 소통 속에서 빚어진 관계라는 것을 세 얼간이가 말해주잖아요. 좋은 성적만을 바라는 학교에서 세 친구들이 만나 소통하며 신뢰를 쌓고, 자신이 진정으로 원하는 것을 찾아 스스로 변화하는 모습을 보며 과연 이들을 감히 얼간이라 칭할 수 있을까라는 생각이 들지 않나요? 두려움 때문에 한계를 짓지 말고 열린 마음으로 부딪혀 보는 겁니다. 사람도 일도요.

영화에 나오는 '알 이즈 웰'의 의미를 뭐라 생각하나요?

'알 이즈 웰'은 영어표현 'All IS WELL'을 힌두어로 음역한 것이라고 해요. 영화 속 란초가 괴롭히는 선배를 피하며 했던 말이지요. 그는 어떤 관습에도 얽매이지 않고 특유의 긍정 마인드로 살아갑니다. 우리는 살면서 마음먹은 대로 일이 되지도 않고 인간관계가 틀어지기도 하지요. 그럴 때 '모든 것이 다 잘 될 거다'라며 주문처럼 '알 이즈 웰!'을 외쳐봅니다. 긍정의 기운을 스스로 찾아가보는 겁니다. 말 속에 힘이 있다는 말 있지요? 내가 나에게 에너지를 주는 방법으로 '알 이즈 웰'을 소리 내어 봅니다. 모든 것이 다 잘 될 것입니다. 잘 되게 되어 있어요.

트루먼 쇼

감독: 피터 위어
출연: 짐 캐리, 로라 리니, 노아 엠머리히

'시헤븐'이라는 작은 섬에서 평범한 삶을 살고 있던 30세 보험회사원 트루먼 버뱅크는 아내와 홀어머니를 모시며 행복한 하루하루를 보내던 어느 날, 자신의 눈앞에 하늘에서 조명이 떨어지는 기이한 모습을 보게 된다. 의아해하던 트루먼은 또 길을 걷다가 돌아가셨던 아버지를 만나고, 라디오 주파수를 맞추다가 자신의 목소리가 나오는 기이한 일들을 연이어 겪는다. 트루먼은 지난 30년간 일상이라고 믿었던 모든 것들이 어딘가 수상하다는 것을 느끼게 된다. 그때부터 모든 것에 의심을 하면서 생활하게 되고 자신의 첫사랑인 실비아는 '모든 것이 쇼'라는 말을 남기고 떠난다. 그렇게 트루먼은 가족, 친구, 회사… 하나부터 모든 것이 가짜인 것을 알게 되고, 실비아를 찾아 이 섬을 떠나기로 결심한다. '시헤븐'이라는 인간이 만든 거대한 스튜디오에서 트루먼은 짜진 각본 속에서 살아온 것이다. 그의 일상 곳곳에는 카메라와 마이크가 안 보이게 설치되어있고 트루먼의 모습이 방송으로 24시간 생중계되었던 것이다. 과연 트루먼은 진짜 인생을 찾을 수 있을까?

당신 삶의 주체는 누구인가요?

〈트루먼 쇼〉영화 내용이 우리 현실 속에서 실제로 일어날 수 있는 일은 아니라 할 수 있을까요? 현재를 살고 있는 우리는 무언가로부터 그리고 누군가로부터 지배를 받으며 살고 있다는 생각이 들지 않나요? 그 지배라는 것은 돈과 같은 자본이 될 수도 있고, 권력이 될 수도 있고, 미디어가 될 수도 있고, 인간관계와 같은 사회가 될 수도 있지요. 주체성을 가지고 살기보다는 항상 살아남기 위해, 생존하기 위해 어떠한 테두리 속에 갇혀 세뇌된 삶을 살고 있는 건 아닌가 그런 생각이 들지 않나요? 정말 나 자신의 색깔을 표현하고 싶지만 주변 사람들의 시선, 그리고 압박감과 두려움 때문에 표현하지 못하고 가식적인 모습을 보여주며 살고 있지는 않을까요? 주입식 사고에 길들여져 '무언가로부터 지배받으며 살고 있다'는 사실을 자각하지 못한 채, 당연한 것으로 무감각하게 하루하루를 살아가고 있지는 않은지 생각해보게 되네요. 과연 이 세상 사람들 중에서 자신이 주체가 되는 삶을 살고 있는 사람이 얼마나 있을까요? 트루먼처럼 거대한 스튜디오 안에 갇혀 사는 삶은 아니지만 우리의 삶도 어떻게 보면 지구라는 거대한 스튜디오 안에서 예정된, 계획된 삶을 살아가고 있는 것은 아닐까요? 그렇다면 우리들도 이미 짜여진 각본에 지배 받으며 살아온 트루먼의 모습과 닮아있는 것이겠네요. 설령 그렇다 해도 진짜 나 자신이 삶의 주체가 되는 그러한 삶을 살도록 노력해야겠지요. 우리에게는 자유인의 의지가 있으니까요. 방송국 피디에 의해서 세상이 자신을 중심으로 돌아간 것은 절대로 주체적인 자유 아닙니다. 내가 알지 못하는 나를 상대가 너무 쉽게 알아버림은 정신분석학적으로 수치심을 느끼게 된다고 합니다. 불유쾌하게 어른거리는 삶이 아니라 내 삶은 내가 선택하는 것이어야 하지요. 불안한 삶일지라도 자유인의 의지를 갖고 트루먼은 출구로 나갔습니다. 자유의 삶이 으뜸의 삶이지요.

정해진 인생 VS 정해지지 않은 인생?

자각하지 못한 채로 '시혜븐'에서 평생 살아가기와 현실 세계에서 살아가기, 선택해야 한다면 당신은 어느 쪽인가요? 트루먼은 결국 진실을 깨닫고, 자신이 30년 동안 정해진 삶 속에서 살아왔던 '시혜븐' 속에서 현실로 나가는 문 앞에 서게 됩니다. 이 장면에서 '트루먼 쇼' 프로그램을 진행하는 감독은 이런 말을 합니다. "바깥세상은 아름답지 못해. 사회 부조리와 정치인들의 부정부패가 남발하고, 하루가 멀게 범죄가 일어나지. 그에 비하면 이곳 시헤븐은 천국이야. 그 어떤 고난도 없는 곳이란 말야. 트루먼!". 트루먼은 진짜 현실 세계가 어떤 곳인지도 모르고, 지금까지 거대한 틀 속에서 기획된 모습이 아닌 진짜 나 자신의 자아를 찾고자 현실 세계로 나가게 됩니다. 과연 트루먼이 진짜 현실 세계에서 더 행복한 삶을 살 수 있을까요?

 '시헤븐' 안에서는 철저하게 기획되어 있고, 방송프로그램이기 때문에 범죄와 같은 어두운 일들이 일어나지 않지요. 한마디로 항상 안전하고 평화로운 곳이죠. 그에 반하여 우리가 살아가는 이 세상은 감독이 말한 것처럼 사회 부조리와 정치인들의 부정부패가 남발하고, 범죄가 매일 매일 일어나고 있습니다. 이렇게 위험하고 불안정한 현실 속에서 살아가는 것보다 항상 평화롭고, 범죄가 일어나지 않는 안전한 '시헤븐' 속에서 자각하지 못한 채 살아가는 편이 더 행복할 수도 있지 않을까요? 지금 살고 있는 이 세상은 정말 위험한 요소들이 많습니다. 당장 내일 죽을 수도 있고, 소중한 무언가를 잃을지도 모릅니다. 우리의 선택에 따라 삶의 방향이 달라지는 이런 정해지지 않은 인생은 불안정하고도 위험합니다. 여러분은 어떤 선택을 하실 건가요? 어차피 우리는 매일매일 선택을 하며 살고 있지요. 그 선택들이 쌓여 바로 우리의 인생이 될 것입니다. 아무 선택도 안 하면 어때요 그 또한 선택인 것을요.

혐오스런 마츠코의 일생

감독: 나카지마 테츠야

출연: 나카타니 미키, 에이타, 이세야 유스케

사랑밖에 몰랐던 한 여자의 일대기를 그렸다. 영화는 쇼라는 남자가 그의 고모인 마츠코가 죽었다는 연락을 받으며 시작된다. 후쿠오카에서 도쿄로 상경한 쇼는 아버지로부터 자신의 누나인 마츠코가 사체로 발견되었으니 유품을 정리해달라는 부탁을 받는다. 쇼는 마츠코의 유품을 정리하던 도중 경찰관과 옆집에 살던 남자를 만나면서 마츠코의 일생을 듣게 된다. 교사였던 마츠코는 아버지에게 사랑받으려 노력했지만 그럴수록 상처를 받게 되고 엎친 데 덮친 격으로 수학여행에서 도둑으로 몰려 가출을 감행한다. 가출 후 작가 지망생 남자친구와 동거를 하지만 결국 남자친구는 자살하고, 다음 남자친구와는 불륜을 저지르고, 몸을 팔고, 속칭 기둥서방(간판남편)을 죽이고 교도소에 수감되는 등 다사다난한 일생을 보낸다. 출소해서는 미용사로 일하던 도중 교도소에서 만난 메구미와 우연히 조우하게 되면서 둘은 친한 친구 사이가 된다. 그러다 자신을 도둑으로 몰았던 류를 만나게 되고 어째서인지 둘은 사랑을 하게 된다. 하지만 류에게도 버림을 받은 마츠코는 원룸에서 먹고, 자고, 싸고 누구와도 사랑하지 않을 것이라며 자신과 약속을 한다. 그러던 중 병원에서 메구미와 다시 만나게 되고 메구미는 자신의 회사에 미용사가 필요하다며 마츠코에게 명함을 준다. 처음에는 달가워하지 않으며 명함을 버리지만, 다시 용기를 내 메구미에게 연락하기 위해서 명함을 버린 장소로 향한다. 명함을 찾고 집으로 돌아가던 중 학생들에게 맞아 죽음을 맞는 마츠코. 아주 비극적인 마츠코의 일생을 모순적이게도 뮤지컬 형식으로 그려 희극적으로 표현하였다.

마츠코는 수동적인 인물이었나요, 능동적인 인물이었나요?

인생의 목적이 오로지 사랑뿐인 마츠코는 남자만을 위해 자신의 모든 것을 포기하는 행동을 하며 수동적인 태도를 보였지요. 하지만 조금 더 깊게 들어가 보면 오히려 그녀가 그 누구보다 능동적인 인물이었다는 생각이 들지 않나요? 신이 작정하고 그녀를 괴롭히기라도 했을까요? 그런데 그녀의 불행한 인생은 결국 모두 그녀의 선택에 의한 것이었고, 그녀는 자신의 선택이 어떤 결과를 낳을지 다 알고도 그 선택을 감행했어요. 남들이 다 하는 수동적인 행복을 선택하는 대신 그녀는 불행할 수밖에 없지만 그녀의 이상을 충족시켜주는 길로 계속 나아간 것입니다. 결국 그 선택이 그녀의 인생을 혐오스러운 결과로 만들었지만 그것이 그녀가 능동적으로 선택한 방향이지 않을까요? 하나를 선택함으로 말미암아 하나를 버리게 된다는데 마츠코는 하나를 선택할 때마다 모든 것을 버린 것 같습니다.

어린 시절의 트라우마는 삶에 큰 영향을 미치게 될까요?

나도 모르게 화가 나고 마음이 아픈 데에는 이유가 있다고 해요. 심리학자는 아픈 만큼 파괴되는 트라우마, 삶의 시계는 그 순간에 멈춘다고 했어요. 마츠코는 어린 시절 받았던 트라우마로 인해 그녀의 삶을 불행의 끝자락까지 끌고 내려갔어요. 어린 시절의 경험은 객관적으로 보면 사소할지라도 사람의 깊은 내면에까지 영향을 끼칩니다. 지금의 성격과 취미, 이상향 등은 잘 생각해보면 어린 시절에 겪었던 사건들이나 그 시절의 환경에서 시작되었던 경우가 꽤 있다고 해요. 아버지 사랑의 결핍에서 출발한 어긋난 선택들은 외로움에서 벗어나기 위해 극단적인 선택과 어떤 희생도 마다하지 않게 된 것이지요. 영화의 마지막 장면에 하늘로 이어진 계단에 오르는 마츠코를 보며 이제야 비로소 트라우마에서 벗어난 모습 같아 마음이 아파오네요.

마츠코의 삶을 관통하는 키워드가 사랑이라면
나의 삶을 관통하는 키워드는 무엇인가요?

마츠코는 사랑을 쟁취하기 위해 수많은 시련을 겪었지요. 사랑을 위해 살고 사랑이 곧 삶이 되었던 마츠코. 우리도 우리가 추구하는 그 무엇인가를 쟁취하기 위해 많은 불안과 혼란을 겪고 또 앞으로도 겪어야 할 것입니다. 마츠코는 행복한 날이 찾아오자마자 불행 혹은 절망의 순간이 닥치곤 했지요. 류시화 시인이 그래서 '나는 불행한 인간이 아니다. 단지 불행한 순간이 있을 뿐이다.'라고 했을까요? 영화 대사를 가져옵니다. 공감이 되는지요. "어릴 땐 누구나 자기 미래가 반짝반짝 빛나고 있다고 생각해요. 하지만 어른이 되면 자기 생각대로 되는 일 따위는 하나도 없이 늘 괴롭고, 한심하기만 하죠."

인간에게 결핍이란 무엇인가요?

인간에게 결핍이란 마이너스일 것 같지만, 결핍이 있음으로써 비로소 인간적임을 느낄 수 있는 것이라 말하기도 하지요. 인간은 완벽하지 않고 완전하지 않은 존재입니다. 결핍으로 인해 무엇이 부족한지 알고 그것을 채우려 모험하고 도전하는 것이 인생이지요. 부족함이 100% 채워지지 않아도 채워 나가려 행동하는 것이 삶 그 자체이지 않을까요.

마츠코도 인간이기 때문에 외관으로는 완벽해 보이지만, 결핍을 채워나가는 데 일생을 쏟아부었습니다. 그리고 자신의 결핍인 사랑 받기 위해 애를 쓰는 것이 자연스럽게 사랑을 나눠주는 행동으로 이어졌습니다. 결국, 그러한 행동들이 누군가에게 신으로 보이기도 한 것입니다. 마츠코의 삶은 절대 혐오스럽지 않다는 것을 증명한 것이지요.

영화 대사 "인간의 가치는 누군가에게 뭘 받았냐가 아니라 누군가에게 뭘 해줬냐는 거겠지"에서 무엇을 느꼈나요?

인간의 가치가 누군가에게 뭘 받았냐가 아니라 누군가에게 뭘 해 줬냐는 것으로 정해진다면, 마츠코는 누군가에게 꾸밈없이 자신의 모든 사랑을 마치 신처럼 나눠주었지요. 흔히 삶은 혼자 살아갈 수 없다고 합니다. 누군가는 개인주의가 살아가는 데에 아무 지장 없다고 말합니다. 혼자 살아도, 혼자 해도, 누군가의 도움 없이 모두 잘 될 것이라면서요. 하지만 그것은 착각일지 몰라요. 우리는 알게 모르게 누군가에게 도움을 받으며 성장했고, 나 혼자서 이뤘다는 것은 보이지 않는 지지가 있었기 때문에 도달했을지 몰라요. 누군가의 도움과 도움이 쌓여서 나라는 존재를 만듭니다. 그렇다면 어쩌면 우리도 누군가에게 힘이 되어서 존재를 만들어 주고 있는지도 모르지요. 우리는 서로가 서로에게 영화에서 말한 '누군가에게 무언가를 줌으로써 생기는 인간의 가치'에 부합하고 있는 거 아닐까요?

미드나잇 인 파리

감독: 우디 앨런
출연: 오웬 윌슨, 마리옹 꼬띠아르, 레이첼 맥아담스

우디 앨런 감독의 이 영화는 시나리오작가 길이 황금시대라고 여기는 1920년대 파리를 여행하며 문학, 음악, 예술적 영감을 받는 내용이다. 주인공인 길이 자신의 약혼녀인 이레즈와 함께 그녀 아버지의 출장을 빌미 삼아 파리로 여행을 가며 이야기가 시작된다. 주인공 길은 평소 1920년대 파리의 예술가들을 동경했다. 그는 혼자 파리를 거닐다 종소리와 함께 홀연히 나타난 차에 올라타게 되고, 자신이 동경하던 시대로 시간여행을 경험하게 된다. 그곳에서 피츠제럴드 부부, 헤밍웨이, 피카소 등 당대를 대표하는 예술가들을 만나 꿈같은 시간을 보낸다. 그날 이후 매일 밤 1920년대로 시간여행을 떠났던 길은 헤밍웨이와 피카소의 연인이자 뮤즈인 애드리아나를 만나게 되고, 시간이 지날수록 자신처럼 예술과 낭만을 사랑하는 매혹적인 그녀에게 빠져든다. 과연 이 둘의 세기를 초월한 사랑이 이뤄질 수 있을지! 영화의 백미는 우리에게 잘 알려진 예술가들의 모습을 재현하며 그 당시 파리의 분위기와 역사적인 모습을 담은 것이다.

당신이 낭만을 품고 있는 곳이 있나요?

영화 초반부터 직간접적으로 주인공 길이 자신이 좋아하는 위인들이 살았던 파리에 낭만을 품고 있음을 보여줍니다. 길처럼 장소에 대한 낭만을 품은 적이 있는지요. 도입부부터 영화는 파리에 대한 길의 사랑을 여지없이 보여줍니다. 이 영화를 보면 자신이 좋아하는 지역이나 장소가 떠올려질 것만 같네요. 그곳이 누구에게는 첫사랑을 만났던 고향 마을이기도 하고, 책에서 셰익스피어가 묘사한 영국의 어느 장소이기도 할 것이고요. 예술작품으로 이루어진 일본의 나오시마 섬 같은 곳을 떠올리는 사람도 있을 것 같습니다. 길이 과거의 모습을 보여주는 파리를 좋아하는 것처럼 비슷한 의미로 좋아하는 곳 말이지요. 가령 교토는 어때요? 헤이안 시대 때의 교토를 생각해봅니다. 〈겐지 이야기〉의 작가 무라사키 시키부도 실제로 만나 볼 수 있지 않을까요? 그런데 낭만적인 장소는 위치나 환경 이전에 기억이 아닐까요? 그래서 추억은 지나기 전에는 돌덩어리, 지나고 나면 금덩어리라 했을까요? 작품 속 애드리아나가 동경하는 시대에 살던 '빈센트 반 고흐'의 힘든 삶 속에서도 빛나던 예술에 대한 고찰과 열정을 동경하며,

빠르게 발전하는 기술에 따라 달라질 미래의 멋진 예술들 또한 동경하게 됩니다. 영화에서 피카소는 애드리아나라는 이름의 연인과 함께 등장했지요. 현실에서 피카소는 워낙 여러 애인을 거느렸기 때문에 아마도 영화에서처럼 특정 여인과 오래도록 깊은 관계를 맺진 않았을 것입니다. 여성 편력으로 유명한 피카소는 술집 종업원부터 자신의 뮤즈였던 모델까지 셀 수 없이 많은 여성들과 사귀었음에도, 실제 결혼은 두 번밖에 하지 않았다고 하네요. 피카소는 여인들에게 가장 낭만을 품었던 것이지요.

길이 길을 잃어버린 상황처럼 된다면 어떨 것 같나요?

영화 초반에 길이 처한 상황은 파리의 한 식당에서 약혼녀의 친구들을 만나게 됩니다. 그러나 그는 자신과 맞지 않다고 생각하여 개인행동을 하게 되지요. 그러다 길을 잃어버리고 어느 한 곳에 주저앉게 된 상황입니다. 이처럼 비슷한 성향이 아닌 사람을 피하는 경우가 있었나요? 약혼녀의 친구들에게 거북함을 느꼈던 길의 감정이 공감 가기도 하죠? 이후 1920년대에 나올 법한 차량이 와서 길을 데리고 시간여행을 하게 되는데 부럽기도 하네요. 종종 현실이 힘들어서 단란했던 과거를 그리워할 때가 있습니다. 그래서 지친 현실에서 벗어날 수 있는 도피처로 누군가가 데려다주면 얼마나 좋을까요. 위로와 대리만족을 느끼게 되는 장면입니다. 만약 길과 같은 상황에 놓인다면 똑같이 하지 않을까요? 19세기 파리의 물랭 루주로 들어가면 달리, 마티스, 드가, 고갱 또한 만날 수 있잖아요. 시대의 거장들을 만난다는 상상만으로도 가슴이 두근거리지 않나요? 예술가를 진지하고 무겁게 끌고 가기보다는 가볍고 친근한 대상으로 표현한 점이 이 영화를 더 돋보이게 한 것 같네요.

라따뚜이

감독: 브래드 버드
출연: 패튼 오스왈트, 루 로마노, 브라이언 데니히

픽사의 유명 영화 <라따뚜이>는 프랑스식 채소요리 이름에서 따왔다. 보기에도 예쁘고, 건강에도 좋고, 맛까지 있어 손님 초대 요리로 좋다고 한다. 스토리는 요리 천재 생쥐와 재능 없는 견습생 링귀니의 이야기를 중심으로 돌아간다. 쥐면 쥐답게 쓰레기나 먹고살라는 가족들의 핀잔에도 굴하지 않고 끝내 주방으로 들어가는 레미. 깜깜한 어둠 속에서 요리에 열중하다 재능 없는 견습생 링귀니에게 딱 걸린다. 하지만 해고 위기에 처해있던 링귀니는 레미의 재능을 한눈에 알아보고 의기투합을 제안한다. 그렇게 생쥐와 인간 둘이서 망해가는 구스토 식당을 운영하기 시작한다.

왜 레미는 라따뚜이를 선택했을까요?

깐깐하기로 유명한 음식비평가 안톤이고가 주문한 접시에 무슨 음식을 내어놓을 거냐는 꼴레뜨의 질문에 레미는 라따뚜이를 선택하는데요. 모두가 그건 시골음식이라고 무시하지만 레미는 자기만의 방법으로 라따뚜이를 만들어서 내놓습니다. 라따뚜이는 영화 속에서 이고가 어린 시절을 떠올릴 수 있고 먹는 사람으로 하여금 감동을 느낄 수 있도록 하는 장치입니다. 이를 통해 진실은 그저 화려하고 맛있는 음식이 아닌 먹는 사람에게 감동과 추억을 선사하는 음식이라는 것을 시사했지요. 누구나 어린 시절 향수를 불러일으키는 음식이 있지 않나요? 넷플릭스 드라마 〈오징어 게임〉에 나오는 달고나 같은 추억의 음식 말입니다.

비평가 이고는 왜 잘 먹었다는 말 외에
다른 말을 하지 않았을까요?

이고는 본인이 원하던 진실을 보았기 때문이지 않겠어요? 사실 쥐는 주방 위생에 아주 치명적이고, 그 쥐를 본 이고는 혹평을 남길 수도 있었겠지만 끝내 링귀니가 말해주는 진실을 믿고 그저 잘 먹었다는 이야기만을 남깁니다. 또한 레미를 프랑스 최고의 요리사라고 인정합니다. 그랬기 때문에 이고는 어떠한 혹평도 하지 못하고 조용히 일어납니다.

출신이 소박해도 성공할 수 있다고 모두가 말하지만

과연 정말로 그럴 수 있을까요?

　현대사회에서 흔히들 본인의 노력만 있으면 출신은 아무런 상관이 없다고 합니다. 아마 여러분도 본인이 그런 편견이 없는 사람이라고 생각할 것입니다. 하지만 영화 중간에 사람들이 레미를 보고 쥐는 정말 소름 끼친다고, 싫다고 하는 것을 보면서 우리 스스로 당당하게 편견 없는 사람이라 말할 수 있을까요? 사실 보통 쥐는 싫잖아요. 편견의 벽은 생각보다 높지요. 그렇지만 우리 스스로 그 편견의 굳은 벽을 깨기 위해 노력해야 하지 않겠어요? 이 질문에 대해 열린 대답을 남길게요.

세상에서 고양이가 사라진다면

감독: 나가이 아키라

출연: 사토 타케루, 미야자키 아오이, 하마다 가쿠

나(사토 타케루)는 올해 서른, 우편배달부다. 자전거 사고로 찾아간 병원에서 뇌종양 말기라는 시한부 판정을 받았다. 그 날 밤, 나와 똑같은 모습을 한 '의문의 존재'가 찾아왔다. 나에게 남은 날이 하루뿐이라고 폭탄 발언을 하는 그는 수명을 하루씩 늘리기 위한 방법이 있다며, 묘안을 내놓았다. 내가 하루를 더 사는 대신, 세상에서 어떤 것이든 한 가지를 없애자는 것이다.

1일째, 세상에서 전화가 사라진다. 나는 하루를 얻은 대신, 잘못 걸려온 전화를 통해 만났던 첫사랑 그녀(미야자키 아오이)와의 추억을 잃는다.

2일째, 세상에서 영화가 사라진다. 나는 영화광이었던 절친과의 우정을 잃고, 친구는 더 이상 나를 기억하지 못하게 된다.

3일째, 세상에서 시계가 사라지며 태어난 후 지금까지, 서른 살의 나를 이루고 있는 모든 것들을 잃을 위기에 처했다.

그리고 다음 날, 그는 어머니와의 추억이 담긴 고양이를 세상에서 없애겠다고 한다. 세상에서 고양이가 사라진다면 나의 인생은 어떻게 변할까? 세상에서 내가 사라진다면 누가 슬퍼해 줄까? 차마 자신과 가족에게 매우 소중한 존재였던 고양이를 없앨 수 없던 나는 세상에서 고양이를 없애는 대신, 자신의 죽음을 받아들인다. (Daum 영화 줄거리 참조)

주인공과 같은 상황에 처한다면 어떤 선택을 할 것인가요?

아무것도 없애지 않을 것 같나요? 사람은 관계와 추억 속에서 존재한다고 하지요. 자신과 관련된 모든 관계와 추억이 사라진다면 존재에 대한 의미가 없어지기 때문에 죽음을 선택할 수 있을까요? 피투성이가 되어도 말이지요. 주인공이 가장 먼저 없앤 것은 전화입니다. 전화 정도는 사라져도 되지 않을까요? 전화가 사라지면, 그에 얽힌 추억도 다 사라지는 것이었습니다. 전화가 인연이 되어 만나게 된 사랑했던 여자친구와의 만남조차도 모두 물거품처럼 없던 일이 되어버린 것이죠. 주인공에게 전화기와 시계처럼, 당신에게도 추억과 의미가 담겨있는 물건이 있나요? 주인공은 전화, 영화, 시계를 잃고 나서 물건과 관련하여 얼마나 많은 추억들이 자신에게 있었는지 깨닫게 됩니다.

내일 죽는다는 사실을 알게 된다면,

무엇을 가장 하고 싶나요?

죽음을 삶과 별개로 여기나요? 죽음도 삶의 일부라는 것을 생각해보았나요? 삶이란 탄생과 죽음의 연속적 공동 작업이라고도 말해요. 또 인간은 태어나자마자 죽어가기 시작한다고도 하지요. 그리고 내일 죽을 것처럼 살라는 말도 있지요? 그러나 현실적으로 오늘이 나의 마지막 날이라고 생각하면 너무나 당황되고 안타깝고 그러지 않을까요? 그리고 마음이 급해질 것 같아요. 가족이 보고 싶고, 잘못한 것을 알고도 모른 체한 사람에게 사과할 일이 떠오르고, 모아놓은 돈을 주고 싶은 사람이 생각나고요. 그리고 미워했던 사람에게 용서를 빌고, 바다가 보고 싶고, 마지막으로 먹고 싶은 음식도 떠오르고, 울기도 해야 할 것 같고요. 참, 쑥스러워 못했던 사랑한다는 말을 해줄 사람이 생각날 것 같지 않나요? 하루는 너무 짧다고 하루만 더 달라고 하나님에게 애원할 것도 같고요. 살아있는 지금 이 순간이, 곁에 있는 인연들이 얼마나 소중한지에 대해 생각해보게 하는 영화네요.

기생충

감독: 봉준호

출연: 송강호, 이선균, 조여정, 최우식

"PARASITE(기생충)!"

제92회 아카데미 시상식의 마지막 순서였던 작품상 시상을 위해 무대에 오른 배우 제인 폰다의 이 한마디는 한국 영화역사뿐만 아니라 오스카 역사도 새로 썼다. 봉준호 감독의 영화 <기생충>은 최고 권위인 작품상을 비롯해서 감독상과 각본상, 국제영화상까지 4관왕을 차지했다. <기생충>은 단지 훌륭한 이야기가 아니라 기막히게 펼쳐놓은 훌륭한 이야기(it is a great story brilliantly told)라고 격찬했다. 연기, 구조, 꼼꼼한 디자인, 상징, 대칭 등이 서로 잘 맞고 시각적 스토리텔링이 너무 유창해서 자막도 거의 필요 없다고도 했다.

예측 불가능한 전개와 재미를 선사한 <기생충>의 줄거리를 정리해보자.

기택은 가족과 함께 허름한 반지하 집에서 살고 있다. 아내 충숙, 백수인 딸 기정, 그리고 재수생 신분의 아들 기우까지 네 식구는 와이파이조차 제대로 안 터지는 열악한 환경에서 지낸다. 어느 날 기우의 친구 민혁이 찾아와 행운의 돌 '수석'을 건네주고, 기우에게 과외 자리를 제안하게 된다. 기우는 명문대 졸업장을 위조해서 부잣집 딸 다혜를 가르치게 되고, 첫 방문에 다혜와 엄마 연교에게 좋은 인상을 남기는 데 성공한다.

다혜네 대저택을 보고 욕심이 난 기우 가족은 일을 더 크게 벌이기로 모의한다. 특히 다혜는 처음부터 기우와 묘한 기류가 생겨, 이후 애인 관계로 발전한다. 부잣집에 다녀온 기우는 이제 여동생 기정을 그 집에 들이기 위해, 그녀를 지인인 '제시카'라고 소개하며 다혜의 동생 다송의 미술심리치료 교사로 소개한다. 타고난 수완을 발휘한 기우와 기정은 그 집에 교사로 드나들게 된다. 게다가 운전 기사에게 모함을 씌우고 그 자리에 아버지인 기택을 취직시켜준다. 마지막으로 가사도우미까지 몰아내면서, 어머니인 충숙도 들어오게 된다. 이로써 온 가족이 관계를 숨긴 채 박 사장의 대저택에 입성한다. 그들은 아무도 없을 때면 자기 집인 양 행동한다. 그런데 어느 비 오는 날, 박 사장 집의 거실을 점령하고 있던 기택 일가에게 위기가 닥친다. 바로 쫓겨난 가사도우미 문광이 '지하에 놓고 온게 있다'며 문을 열어달라고 애원한다. 기택의 가족은 놀라서 모두 숨고, 충숙이만 남아 문을 열어준다. 알고 보니 문광의 남편이 몇 년째 박 사장 집 지하에서 몰래 살고 있었다는 충격적인 사실이 드러난다. 처음엔 충숙이 문광과 문광의 남편을 다그친다. 하지만 이런 상황을 숨어서 지켜보고 있던 기택, 기정, 그리고 기우가 발각되고 그들의 관계가 밝혀지면서 상황이 역전된다. 문광은 집을 점령한 그들의 영상을 찍어 박 사장에게 보내겠다고 하고, 설상가상으로 캠핑을 갔던 박 사장 식구들이 폭우로 인해 곧 집에 돌아오겠다고 전화를 한다. 기택의 가족은 난투극 끝에 문광 부부를 제압해서 지하에 가두고 박 사장 가족이 돌아오기 전에 숨는 데 성공한다. 우천으로 캠핑이 취소되자 박 사장의 가족들은 집 마당에서 가든파티를 벌인다. 그런데 기우가 돌을 들고 지하실로 내려간다. 기우는 오히려 문광 남편 근세에게 역습을 당해 쓰러지고, 그 사이 근세가 지하실 바깥으로 탈출한다. 순식간에 가든파티가 열리는 정원으로 난입한 근세는 케이크를 들고 있던 기정을 칼로 찌른다. 아수라장이 된 파티에서 딸이 찔리는 장면을 목격한 기택은 자신의 고용주인 박 사장을 칼로 찌르고 어딘가로 도망친다. 칼에 맞은 기정은 죽고, 기우는 깨어나서 모든 일이 일어났던 그 저택으로 다시 간다. 그리고 밤이 되자 지하실과 연결된 등 불빛이 깜빡이는 것을 발견하고, 기우는 그것이 지하로 숨어든 아버지 기택이 모스부호로 보내는 메시지임을 알아차린다. 기우는 많은 돈을 벌어 아버지가 숨어든 그 집을 사는 모습을 상상하며, 아버지의 메시지에 답장을 읊조린다. 하지만 달콤한 상상 후, 그가 처한 현실인 반지하에서의 모습을 보여주면서 영화는 끝이 난다.

(https://woa2wo.com/21 참고)

많은 명장면 중에서 '계획'이라는 키워드를 중심한 장면으로 질문을 만들어본다.

기택은 무계획이 가장 좋은 계획이라고 말하는데
이에 대해 어떻게 생각하나요?

하는 일마다 잘 안 되고, 무언가 계획을 짜서 일을 했을 때 제대로 하지 못하거나 계획에 맞춰 일을 해야 한다는 사실이 스트레스가 될 수 있지요. 그래서 계획을 짜지 않고 그때그때 기분에 따라 행동하고 그렇게 사는 것이 편할 수 있어요. 그런데 기택은 지금의 상황이 계획이 실패해서 낳은 결과가 아니라, 어쩔 수 없이 일어난 일이라고 자기 합리화를 하지요. 계획 없이 사는 것이 좋고 무슨 일이 일어나든 내가 계획한 것이 아니니 상관없다는 무책임을 드러내지 않나요? '되는대로 살자'는 마음을 비우고 순리대로 산다는 철학적인 삶일 수 있어요. 하지만 기택의 경우는 다르지요. 부잣집에 들어오기 위해 처절한 과정을 거치지만, 사실 그렇게 큰 계획을 세운 것이 아닙니다. 이 과정에서 어쩌면 그들의 무지와 무모함이 드러납니다. 계획 이

전에 의지와 끈기, 그리고 항상 준비되어 있는 성실과 열정도 있어야 하지 않을까요? 그런 것이 기택에게는 없었지요. 너무 모범적인 말일까요? 그런데 실상은 박 사장 부부도 크게 다르지 않은 모습을 보여줍니다. 그냥 지인이 소개해 주는 정보를 믿고, 마음 가는 대로 사람을 고용하였지요. 기택의 가족이 무모함에서 기인한 무계획이라면, 박 사장 부부의 무계획은 여유와 오만함에서 오는 무계획이 아닐까요. 다만 같은 무계획의 결말은 무자본인 이들에게 더욱 잔혹하다는 사실이 현실이 되었고요.

기택처럼 되지 않으려면 어떤 계획을 갖고 살아야 할까요?

아이러니하게도 박 사장 가족은 단 한 번도 쓰지 않는 '계획'이라는 단어를 기택 가정은 계속 습관처럼 말했어요. 그렇다면 기득권자들의 '계획'은 치열하게 매달리지 않아도 되는 이미 확보된 그 무엇이거나 체화된 개념이고 소외계층에게 이 '계획'이라는 단어는 치열하게 욕망해야 하는 단어가 아닐까요. 이미 성공한 삶이 보장된 계층은 태어날 때부터 시스템적으로 잘살게 예비되어 있고, 그렇지 못한 사람에게 '계획'은 늘 있지만 늘 포기해야 하는 상황의 '계획'이 되어 결국 '무계획이 계획'이라는 황당한 논리를 펼치게 된 것이 아닐까요. 혹시 실패에 대한 두려움 때문에 계획적으로 사는 것을 스스로 포기한 적은 없는지요? 마크 저커버그 메타 CEO는 최고의 성공은 실패를 할 수 있는 자유가 있을 때 찾아온다고 말했어요. 목적의식은 행복을 낳는다고도 하고요. 기택은 실패에 대한 두려움을 경험의 과정으로 다시 시작해도 되는 환경이 아니었습니다. 그 자신의 모든 실패는 환경 때문이니 차라리 무계획적으로 사는 편을 택한 것이지요. 기택은 "아버지, 아까 그 계획이 뭐예요?"라는 기우의 물음에 "절대 실패하지 않는 계획은 무계획"이라고 답하였습니다.

허황되어 보이는 기우의 계획은 이루어질 수 있을까요?

기우는 자신이 돈을 벌어서 박 사장 집을 사들여 아버지 기택이 지하에서 나오는 계획을 상상합니다. 봉준호 감독은 전문가의 자문에 따르면, 기우가 최저임금을 기준으로 한 푼도 안 쓰고 돈을 모은다고 가정했을 때, 박 사장네

집을 사는데 약 547년의 시간이 걸린다고 인터뷰했습니다. 이렇듯 기우가 세운 계획은 허황되고 말뿐인 계획일 수 있습니다. 이루어질 가능성이 거의 없다고 볼 수 있지요. 하지만 그동안 무계획으로 살아오던 기우가 스스로 계획을 세웠다는 것 자체만으로도, 그 의지가 생긴 것이 매우 고무적이라 할 수 있지 않을까요? 그것을 꾸준히 해나갈 수 있는 끈기까지 있다면, 허황된 꿈만은 아니지 않을까요? 최소한 지금의 반지하방에서는 나올 수 있지 않을까 하는 영화적 상상을 해봅니다. 넘어질 권리를 포기하지 말자고요. 삶이 희망과 성공사례로만 채워지지 않는다고 봅니다. 일본 소설가 오가와 작가는 봉준호 감독의 〈기생충〉은 상처에 현미경을 갖다 대고 문제에 파고든다고 평했어요. 결국 상처에 대한 현실성을 극단적으로 보여준 작품이지요. 이런 글이 생각나네요. '나는 배웠다. 어떤 기생충보다 무섭고 무서운 기생충은 '대충'이라는 것을. 모든 것이 대충이었다.' 기생충과 대충 중 당신은 어느 것이 더 무섭나요? ^^

라라랜드

감독: 데미안 셔젤

출연: 라이언 고슬링, 엠마 스톤, 존 레전드

인트로가 인상적이다. 악명 높은 출근길 LA 프리웨이에서 온갖 종류의 음악이 흐른다. 그리고 영화는 현실과 환상을 오가며 뮤지컬영화의 매력에 빠지게 한다. 주인공 미아는 가장 화려한 할리우드의 영화사 안 카페에서 일하는 배우 지망생이다. 오디션이란 오디션은 다 보러 다니지만, 계속 탈락만 한다. 남자 주인공인 세바스찬은 재즈 피아니스트로 재즈를 사랑하고 정통 재즈카페를 차리는 것이 꿈이다. 그러나 세상은 더 이상 정통 재즈를 원하지 않아 세바스찬은 자신이 좋아하는 재즈로 돈을 벌 수 없다. 둘은 우연한 만남으로 서로의 꿈을 응원하며 사랑을 나누기 시작한다. 그러나 세바스찬은 고정적인 일이 없음에 점점 눈치를 보게 되고 현실에 순응하여 밴드에 들어가게 된다. 미아는 그런 세바스찬을 보며 알 수 없는 감정을 느끼고, 자신의 1인극에도 오지 못한 세바스찬과 싸운다. 그렇게 헤어진 둘은 한 캐스팅 디렉터가 미아와 연락이 되지 않자 세바스찬에게 연락하게 되며 다시 만나게 된다. 미아와 다시 만난 세바스찬은 흘러가는 대로 가보자고 이야기한다. 5년 후, 미아는 유명한 배우가 되고 다른 남자와 결혼까지 하게 되었다. 미아는 한 재즈바를 찾게 되는데 그 재즈바의 이름은 셉스(seb's). 과거 미아가 세바스찬에게 추천했던 이름이었다. 세바스찬도 자신의 꿈을 이뤄 재즈카페를 열게 되었고 그곳에서 두 사람이 눈을 마주치는 순간 다른 과거를 상상하게 된다.

미아는 왜 오디션에서 이모의 이야기를 했을까요?

미아는 계속되는 실패로 더 이상의 좌절이 두려워서 배우의 꿈을 접고 부모님 집으로 돌아왔다가 마지막으로 다시 오디션을 보러 가지요. 미아는 그동안 늘 다른 사람의 인생을 연기했어요. 아무도 미아의 이야기를 궁금해하지 않았고, 미아는 자신보다는 주어진 인물을 훌륭히 표현하는데 급급한 편이었지요. 그런 미아에게 아무 이야기나 괜찮다는 담당자의 말은 어떤 근사한 이야기보다 이모의 이야기를 떠올리게 한 것입니다. 그동안 반복되는 실패에서 미아를 다시 일으켜 준 것은 바로 이모의 이야기였어요. 배우의 끈을 놓지 못하게 해준 이모의 이야기. 때론 꿈을 포기할 수 없게 해 밉기도 했을 이모가 담당자의 말에 단번에 떠올랐던 것입니다.

이모가 있어서 진부한 인생의 신데렐라 스토리가 훨씬 풍부하고 확장된 스토리텔링이 되었어요.

미아가 이모를 만나 어떤 얘기를 했을까요?

당신이 미아가 되고 미아가 당신이 된다면 미아 이모를 만났을 때 이런 이야기를 하지 않았을까요? 도망치고 싶을 때 매일같이 당신의 이야기를 찾았어요. 그리고 덕분에 다시 용기를 가지고 일어났어요. 이모와 같은 삶을 살고 싶습니다. 꿈의 무게를 알지만, 그 무게를 견뎌내는 이모의 삶 말이에요. 꿈 때문에 무너지는 사람들에게 용기를 주어 다시 꿈을 꾸게 하는 바보 같은 이모의 삶을 살고 싶어요.

당신은 꿈과 사랑 중 어떤 것을 선택할 것 같은가요?

두 주인공은 사랑했지만 꿈을 선택했다고 할 수 있지요. 정지우 작가는 '사랑은 서로에게 각자가 가지고 있던 욕망을 전염시킨다. 하지만 결국에 인간은 자신의 원래 욕망으로 돌아갈 수밖에 없다'고 했습니다. 주인공 미아와 세바스찬은 운명처럼 만나고 사랑했지만 서로의 삶을 바꾸지 못했지요. 세바스찬은 꿈인 재즈 클럽을 차리고 미아도 그토록 원하던 유명배우가 되었으니까요. 이들이 결국 꿈을 포기하지 않았던 이유는 꿈을(자신의 일을) 사랑보다 더 사랑했기 때문이 아니었을까요? 연인보다 더 오래 사랑했던 꿈을 선택한 것이지요. 관객들은 두 사람이 이어졌으면 하고 바라고, 그것이 해피엔딩이라 여길지도 모르지요.

미아는 계속 오디션에서 떨어져도 도전했고, 세바스찬은 생활고에 시달림에도 재즈를 포기하지 않았어요. 보통은 몇 번 실패하면 현실과 타협하지요. 도전을 계속 이어나가면 언젠가는 꿈을 이룰 수 있음을 알면서도 그 시기가 언제 올지 모르기에 포기하고 다른 일을 찾기도 하는 것이 현실이지요. 그래도 꿈을 마음에 간직해두고 꿈을 이룰 기회가 온다면 그 기회를 잡아야겠지요. 사랑과 꿈을 동시에 이룬다면 최고이고말고요. 세바스찬은 언제나 미아의 꿈을 믿어주고 그의 꿈을 존중해주고, 마지막까지 미아의 꿈을 위해 볼더시티까지 달려왔잖아요. 언제나 미아의 세바스찬처럼 나의 꿈을 믿어주고 지지해주는 연인이 있다면 꿈과 사랑을 동시에 이루게 될 것입니다. 어떤 사람에게는 〈라라랜드〉의 결말이 새드엔딩으로 느껴지기도 할 것입니다. 그런데 꿈을 사랑하고 노력했던 그 두 주인공들에게는 꽉 닫힌 해피엔딩이기도 하잖아요. 한치 앞도 보이지 않는 미래를 보며 꿈을 꾸는 일은 쉽지 않지만 영화 속 주인공들처럼 언젠가 꿈에 도달한다고 우리 믿기로 해요. 현실에 발을 딛고 있는 만큼 라라랜드를 꿈꿔보아요.

LA LA LA Land~!

참고자료

강상현 〈디지털시대 미디어의 이해와 활용〉, 한나래 2009

건국대학교 스토리앤이미지텔링연구소 〈스토리텔링, 영상을 만나다〉, 새미 2016

곽한주 〈영상의 이해〉, DIMA출판사 2009

김남석 〈영화, 어떻게 읽을 것인가〉, 연극과인간 2008

김동욱 〈결국, 컨셉〉, 청림출판 2018

김소연 〈마음사전〉, 마음산책 2008

김애옥 〈응답하라 에니소통〉, 연극과인간 2015

박성봉 〈멀티미디어 시대에 교실로 들어온 대중예술〉, 일빛 2009

박찬욱 〈박찬욱의 오마주〉, 마음산책 2005

세바시 프로젝트팀 〈나는 무엇을 할 것인가〉. ㈜세상을바꾸는시간15 2020

신성진 〈스토리로 승부하라〉, ㈜새로운 제안 2015

에릭 호퍼 〈길 위의 철학자〉, 이다미디어 2014

원은정 〈영화가 나에게 하는 질문들〉, 착한책가게 2017

이기주 〈언어의 온도〉, 말글터 2018

장석주 〈글쓰기는 스타일이다〉, 중앙북스 2015

정관웅 〈NO잼은 용서가 안된다〉, 종문화사 2021

해리슨 K 〈우리는 같은 꿈을 꾼다〉, 스토링 2018

네이버 영화 movie.naver.com/

다음 영화 movie.daum.net/

https://www.youtube.com/

https://www.kofic.or.kr/kofic/business/main/main.do

http://www.cine21.com/

http://carnival-youth.com/

http://ch.yes24.com/Article/View/46907

https://blog.naver.com/lifeisntcool

https://blog.naver.com/pjw3146

https://blog.naver.com/rnjsdudxkr91

https://blog.naver.com/warinee23

https://www.podbbang.com/channels/8243

*영화 포스터 출처: 다음 영화 movie.daum.net/

 (영화 줄거리 포함)

『영화로 삶의 예술가』는 질문하는 책이다. 그러나 친절한 저자는 독자에게 질문만 하지는 않는다. 다만 동행한다. 영화로 비롯된 질문들에 자답이 덧붙여지며 마지막 페이지까지 둘은 함께 간다. 재미있는 점은 질문들은 또 다른 질문으로 이어져 독자에게 다가온다는 것이다. 독서의 여정 내내 함께하는 질문들은 완독과 동시에 삶의 친구가 된다. 가족처럼 매일 볼 수 없지만 가끔씩 찾고 의지하는 친애하는 벗, 나도 질문도 그렇게 성장한다.

질문하는 책은 대답하며 읽는 재미로 읽는다. 그렇기에 이 책을 단숨에 정복하듯 읽는 것은 추천하지 않는 독법이다. 나의 경우에는 이 책에 수록된 질문들을 다이어리에 옮겨 적고 하나씩 수기로 답해보는 내밀한 독서 시간을 가졌는데, 시간이 걸리더라도 이보다 더한 재미가 없었다. 질문에 대한 대답이 막히면 책 속의 답변을 잠시 참고해도 좋다. 중요한 것은 모범답안을 추구하는 것이 아니라 나만이 할 수 있는 나만의 답변을 만들어나가는 것이다.

내게 이 책의 추천사를 부탁한 저자 김애옥 선생님은 나의 교양과목 교수님이셨다. 이제껏 교수님을 실제로 뵌 적은 한 번밖에 없다. 코로나 시대에 대학에 입학하여 교수님을 비대면으로 만나 비대면으로 헤어진 것이 아쉬울 따름이다. 하지만 좋은 점도 있었다. 교수님 강의의 백미인 '강의 후 피드백 시간'에 나누는 모든 대화가 사이버 교실에서 활자화된다는 점이었다. 나의 메모장에는 교수님과 나눈 피드백 댓글들을 저장해둔 폴더가 따로 있다. 나의 질문과 답변만 있는 게 아니라, 다른 학우들의 것을 가져온 것도 많다. 교수님은 50명 가까운 수강생 전부에게 일일이 질문해 줄 수 있을 만큼 에너지가 큰 분이다. 교수님의 질문에는 내가 생각지도 못한 것들도 많았다. 그렇게 나도 몰랐던 나를 알아가는 그 시간들이 참 귀했다. 그 피드백들은 지금도 내 보물이다. 중요한 면접이나 면담이 있기 전엔 항상 그걸 들여다보곤 한다. 그 질문들은 모양과 결이 다 다르지만 하나같이 '나는 과연 잘살고 있는가'라는 물음과 맥이 닿는다. 이는 나의 인문학적 성찰에 큰 보탬이 됐다.

교수님 수업은 한 강좌만 있지 않고, 인기가 많아 시간

대가 나누어져 있어서 매학기 약 200명의 수강생이 교수님의 수업을 듣는다. 일주일에 200개의 질문을 쉬지 않고 할 수 있는 사람은 많지 않을 것이다. 가끔은 교수님의 피드백 댓글이 새벽 다섯 시에 달리는 때도 있었다. 자는 시간을 아껴야 할 만큼 성실하게 질문해야만 하는 상황에서 많이 시달렸을 법도 한데 교수님은 또 질문하는 책을 펴내셨다. 혀를 내두를 만한 기예(技藝)다. 하지만 그만큼 질문에 조예가 깊은 분이 질문에 지치지 않고 사신다는 점이 기쁘기도 하다.

2월인데 아직도 날이 쌀쌀하다. '잘살고 있는지 궁금해.' 그런 온기를 갖춘 질문들로 이 겨울을 무사히 나고 있다. 장작불 앞에 앉아서 멍하니 있듯 나는 가끔씩 나를 덥히는 질문 앞에 멍하다. 이는 당황이 아닌 감동으로부터 오는 교착 상태다. 반가워서, 그리고 아름다워서. 방학이 끝나간다. 나도 교수님도 학기가 시작되면 눈코 뜰 새 없이 바빠질 것이다. 쉽게 답할 수 있는 질문도 불가피하게 대답을 유예해버릴지도 모른다. 미구에 닥칠 그날의 내게 바란다. 가끔은 멍한 감각을 되찾아보라고. 질문 가득한 책 속에서 타오르던 불길을 좇는 먹먹한 심정을 떠올리라고. 이를 나보다 먼저 내게 바라던 사람이 있었다. 너의 길을 온 마음으로 온 힘 다해 걸어가고 있느냐고 물어주던 사람이 있었다. 영화로 삶의 예술가가 되어가는 길에 만난 나의 벗, 나의 키팅 선생님인 사랑하는 김애옥 교수님. 그의 질문들을 사랑을 담아 추천한다.

손희정(미래의, 그리고 현재의 영화인)

영화로 삶의 예술가

초판 1쇄 인쇄   2022년 3월 28일
초판 1쇄 발행   2022년 4월 5일

지은이   김애옥
펴낸이   박성복
펴낸곳   도서출판 연극과인간
주 소   01047 서울특별시 강북구 노해로25길 61
등 록   2000년 2월 7일 제6-0480호
전 화   (02)912-5000
팩 스   (02)900-5036
홈페이지   www.worin.net
전자우편   worinnet@hanmail.net

ISBN 978-89-5786-820-1 03680

값은 뒤표지에 있습니다.